TSUNAMI

Berenice Ring

TSUNAMI

Porque as empresas que surfam esta onda gigante
chegam à frente de seus concorrentes.

Projeto gráfico e editoração
Luiz Boralli

Foto da capa
Leonardo Crescenti

Impressão
RR Donnelley Editora e Gráfica

Copyright © 2015 *by* Berenice Ring
Todos os direitos reservados à Berenice Ring Cursos.
Rua José de Freitas Guimarães, 199
São Paulo – SP – CEP 01237-010
Telefone: (11) 3673-2202
E-mail: berenice@foxcomunicacao.com.br

DADOS INTERNACIONAIS PARA CATALOGAÇÃO NA PUBLICAÇÃO (CIP)

R445t

Ring, Berenice
    Tsunami : porque as empresas que surfam esta onda gigante chegam a frente de seus concorrentes / Berenice Ring. – 1. ed. - São Paulo : B. Ring, 2015.
    250 p. : il. color. ; ...cm.

    ISBN 9788591929108

    1. Administração de empresas – Aspectos psicológicos. 2. Marketing. 3. Inovações tecnológicas. 4. Comportamento do consumidor. 5.Branding I. Título.

CDD- 658.0019

JOSÉ CARLOS DOS SANTOS MACEDO – BIBLIOTECÁRIO – CRB7 N. 3575

"Para se sentir completo, há três coisas que um homem deve fazer ao longo da vida:
Plantar uma árvore, ter um filho e escrever um livro."

Essa frase é atribuída ao poeta cubano José Martí.

Sempre gostei dessa ideia. Para mim, era uma trilogia a ser alcançada para se deixar uma marca no mundo.

Em 1980 plantei uma espatódea, árvore de flor alaranjada, em comemoração ao nascimento de meu primeiro filho, Pedro. A árvore plantada faria seu papel na terra – produzir oxigênio, melhorar a qualidade do solo, preservar a biodiversidade e fornecer sombra e ar puro. Além disso, teria o valor simbólico de ter nascido e crescido junto com ele.

Atualmente essa árvore é uma linda bisnagueira adulta e frondosa, com 35 anos de idade. Meu filho Pedro ficou com seus 19 anos, idade que tinha quando daqui se foi.

Hoje, com extrema satisfação, completo minha trilogia com o lançamento deste livro, escrito em celebração aos quinze anos de palestras e aulas que venho dando sobre este tema e assuntos correlatos.

Desejo que você, leitor, o saboreie!

Boa leitura!

VI

Ao meu filho Pedro, que terá sempre 19 anos.
Não está mais conosco, mas caminha sempre ao meu lado.

Agradeço imensamente ao diretor de arte Luiz Boralli, que trabalhou no *layout* e diagramação deste trabalho, com uma paciência ímpar e ajudou a trazer significado e beleza ao resultado final.

Agradeço a todos os CEOs e diretores de agências de comunicação e *startups* que se dispuseram a conversar comigo para tornar este livro mais interessante e consistente ■

VIII

Sumário

PARTE 1 – O que dá para ver da praia

1. Introdução — 3
2. Tsunamis naturais e tsunamis sociais — 13
3. Mudanças no cenário econômico do século XX — 25
4. O maior tsunami deste século. Que tsunami é este? — 33
5. Ondas poderosas do tsunami que ainda dá para pegar — 43
6. A destruição — 97

PARTE 2 – 5 ondas para pegar desde o início

1. A sociedade racional e a sociedade intuitiva/emocional — 129
2. A era da imagem: você fala a linguagem visual? — 143
3. Significado, valores e autenticidade — 165
4. Escassez na abundância: conhecimento, curadoria, *storytelling* e *insights* são os novos binóculos — 189
5. Tecno e digital: o futuro próximo — 201

***Insights* finais** — 223

Notas — 237

PARTE

1

O que dá para ver da praia

Capítulo 1
Introdução

Em 26 de dezembro de 2004, 14 países banhados pelo Oceano Índico foram surpreendidos por um desastre natural de proporções assustadoras: um tsunami. 285 mil pessoas morreram afogadas, esmagadas ou despedaçadas, sem nenhuma chance de planejar uma fuga que possibilitasse sua sobrevivência.

Imensas ondas submersas se movimentaram na velocidade de um jato comercial por milhares de quilômetros sem que se visse nada na superfície. A única coisa que algumas pessoas avistavam das praias de Phuket, Tailândia, segundos antes do desastre, era uma onda de 30 metros de altura se aproximando a 80 quilômetros por hora.
Naquele momento, nada mais havia a se fazer ■

津波

Tsunamis naturais não são previsíveis

Tsunamis são gerados por um terremoto submarino, um movimento das placas tectônicas da Terra no fundo do oceano, que dura tipicamente poucos segundos. No entanto, as ondas gigantes resultantes deste sismo podem continuar a bater na costa distante (às vezes a 160 quilômetros de distância) por horas ou dias. Enquanto ondas submersas viajam em até 970 quilômetros por hora – velocidade de um jato comercial –, são praticamente invisíveis na superfície, até para observadores de um navio. Estas ondas são forçadas a diminuir sua velocidade apenas quando se aproximam da costa. Infelizmente, é neste momento que se tornam perigosas.

Próximo da zona costeira, o fundo do mar se eleva para encontrar o nível da praia. Quando a frente do tsunami atinge a encosta, sua velocidade diminui obrigatoriamente para fazer esta escalada. Este abrandamento da primeira onda desencadeia uma espécie de "engavetamento". Com a chegada da próxima onda, a água não tem para onde ir, a não ser para cima. [1]

Até hoje, não se consegue perceber sinais ou indicadores que nos alertem sobre a aproximação destes fenômenos. Tsunamis são raros e os países onde normalmente ocorrem têm recursos muitas vezes limitados. Como consequência, não há disposição para se prepararem para um evento que pode (ou não) acontecer a cada 100 anos ■

Capítulo 2
Tsunamis naturais e tsunamis sociais

"Pensar estrategicamente envolve preparar-se para o cenário que vem pela frente, e não para aquele que estamos vivendo."

Warren Buffet [1]

Costumo acompanhar nos jornais o caderno de economia e negócios.

Gosto de ler notícias sobre novas empresas que estão surgindo no Brasil ou sobre empresas globais que decidem abrir filiais no país e anunciam que pretendem inaugurar 85 lojas até o final do ano seguinte... Tento acompanhar estudos e pesquisas a respeito das principais preocupações de CEOs quando tomam suas decisões de ampliação do negócio. A pesquisa *CEO Challenge 2013*, do The Conference Board (instituição sem fins lucrativos para estudos em administração) [2] que consultou 700 executivos sobre as principais preocupações dos CEOs para 2013, apontou o seguinte resultado:

1º) Capital humano e gestão de equipes

2º) Excelência operacional e eficiência nos custos

3º) Inovação

4º) Relacionamento com o consumidor

5º) Risco econômico e político

Fico surpresa em constatar que líderes de empresas tão importantes não estejam preocupados com os tsunamis sociais, que podem varrê-los do mapa ou fazer com que uma empresa muito menor que a deles supere seu serviço ou produto num piscar de olhos. Os tsunamis sociais são aqueles cujo epicentro está num "elemento gerador".

Que fator? Gerador de quê?

Um fator qualquer: um acontecimento, uma nova tecnologia, qualquer coisa que gere mudanças de comportamento em algum grupo da sociedade. Mudanças no presente que prometam uma duração razoável no futuro são como os pequenos movimentos nas placas tectônicas subaquáticas: não são percebidos, mas provocam grandes ondas submersas no oceano profundo. Estas mudanças de atitudes passam invisíveis por nós, sem nos darmos conta e os comportamentos se alastram por comunidades e sociedades inteiras sem serem percebidos.

A partir do "elemento gerador" algum tipo de comportamento se desenvolve num grupo de pessoas. E, muitas vezes, este comportamento se propaga rapidamente porque somos programados para naturalmente copiarmos uns aos outros, mesmos nos níveis mais básicos.

"Se filmarmos um grupo de pessoas numa sala, sem seu prévio conhecimento, e posteriormente exibirmos a gravação em câmera lenta, identificaremos de que maneira até mesmo as menores mudanças na linguagem corporal possivelmente terão migrado entre elas, conforme umas imitam as outras sem sequer estarem cientes do fato", cita o futurista Magnus Lindkvist em seu livro *Everything We Know is Wrong* (tudo o que sabemos está errado).

Quando algumas empresas se dão conta de como as pessoas estão se comportando (se é que se dão conta) num dado momento, só enxergam o tsunami social chegando à praia, com sua fúria assassina prestes a arrastá-las consigo. Pouco resta a fazer.

Outras, que ficam em postos estratégicos de observação e conseguem identificar as ondas gigantes quando ainda estão submersas, podem enxergar grandes oportunidades, prever riscos e surfar nessa onda gigante.

Quer um exemplo?

Trabalhei por mais de 25 anos em agências de comunicação, antes de dirigir minha própria consultoria de branding. Pode parecer incrível para você que tem seus 20 anos, mas presenciei a introdução dos computadores pessoais no dia a dia das agências. Agências são o tipo de negócio onde os prazos são apertados em todas as etapas. Na agência onde trabalhava, o primeiro PC foi instalado na minha mesa. Não porque eu fosse a funcionária mais importante, mas porque o cargo que eu ocupava era o centro nervoso da empresa: eu era a responsável por "operações": cuidava da distribuição, do andamento e do cumprimento dos prazos dos *jobs*. Minha satisfação quando comecei a usar aquele computador foi imensa! Imaginei que com aquela ferramenta maravilhosa à minha disposição eu teria mais tempo para cuidar de tudo o que eu fazia, com calma e tranquilidade.

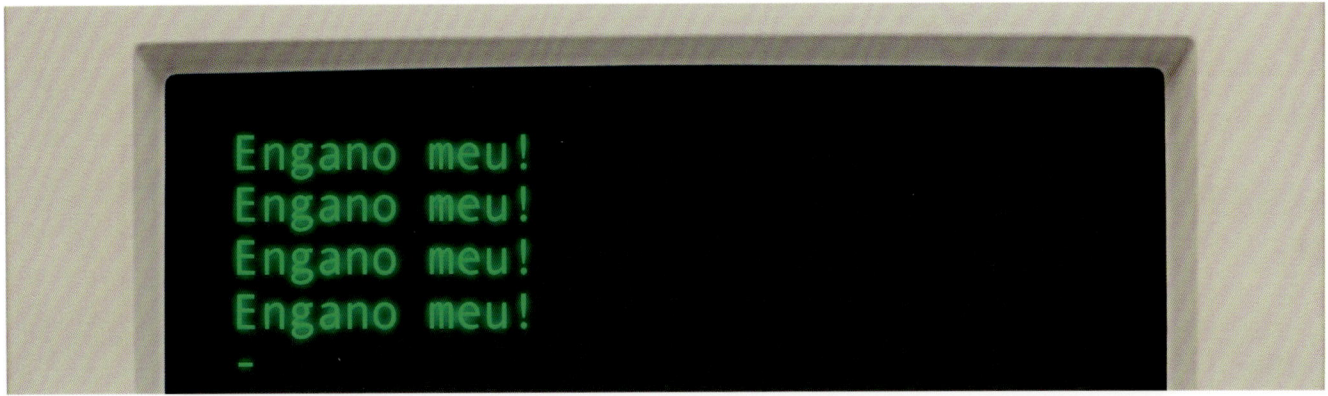

Hoje o indivíduo tem cada vez menos tempo para desempenhar suas obrigações na sociedade moderna. O ritmo de vida se torna dia após dia mais rápido e o obriga a assumir vários papéis ao mesmo tempo. Por conta disto e das muitas facilidades tecnológicas, surgiu o tão comentado *"multitasking"*: crianças e adolescentes crescem dentro desta cultura e demandam das empresas respostas com velocidades cada vez menores.
Querem tudo em tempo real!
Vivemos na era do imediatismo e da impaciência. A paciência dos consumidores com as empresas e marcas com que se relacionam hoje é medida em minutos e não mais em dia úteis. Reduziu-se, em média, de 10 dias para apenas 10 minutos em apenas uma geração, de acordo com o *UK Impatience Índex!* [3]
Numa outra pesquisa feita pela Velaro, *software* de LiveChat americano, perguntou-se a 2 500 entrevistados: "Quanto tempo você está disposto a esperar no telefone pelo serviço de atendimento ao consumidor?" 60% das pessoas responderam: "Um minuto é suficiente". Este tipo de comportamento generalizado, esta grande onda, vem ganhando cada vez mais massa e força.

Para se ter uma ideia, o McDonald's oferece aos clientes, em algumas regiões dos Estados Unidos, de segunda-feira a sexta-feira a promoção "90 segundos garantidos": se você não receber o seu pedido em 90 segundos, não paga por ele. Para o McDonald's, cada segundo conta. Em 2013, seu vice-presidente de pesquisas, Steve Levigne, realizou um experimento em busca dos fatores de maior influência na decisão de compra do consumidor. O resultado final deveria encontrar o que causa satisfação ou insatisfação na experiência de consumo e o que poderia ser feito para mudar a percepção desta experiência. Apesar dos consumidores terem respondido claramente que simpatia e cordialidade no atendimento eram tão importantes quanto a rapidez, não é exatamente assim que eles agem.
Aparentemente funcionários parecem "mais amáveis" se a velocidade é aprimorada. Hoje, a velocidade é o foco da empresa: isso aumenta a satisfação do consumidor e, consequentemente, seu lucro.

O lado desfavorável deste comportamento é que tudo se tornou "líquido". Tudo ficou tão rápido que o grande sociólogo moderno Zygmunt Bauman escreveu uma série de livros dedicados ao tema líquido-moderno. Em *Vida líquida*, Bauman comenta que as coisas são compradas e descartadas com tal rapidez que criou-se uma indústria cuja única finalidade é a de remover todo esse lixo. Nada tem tempo de se fixar porque antes disto já é substituído pelo novo; vivemos claramente numa indústria de obsolescência programada. Quando compramos uma nova TV, por exemplo, ela já está obsoleta: a próxima inovação, mais moderna, está sendo produzida na fábrica da marca. Pessoas têm amores líquidos, não se fixam em casamentos ou empregos, e na vida líquido-moderna vivem uma série de **reinícios** e sucessivos **finais**.

Quer conhecer alguns negócios que conseguiram surfar neste tsunami de pequeno porte?

Você deve ter notado o surgimento do *quick massage*, com aquela cadeira especial dobrável que se adapta em qualquer lugar. Você encontra este tipo de massagistas nos lugares mais inesperados – aeroportos, academias, campos de golfe, cabelereiros. São lugares onde as pessoas já estão fazendo alguma coisa e aproveitam para receber ao mesmo tempo uma rápida massagem. Os donos destes serviços ou franquias estavam com seus binóculos a postos, enxergaram a formação de uma grande onda e puderam surfar nela. As pessoas sentem-se estressadas nas grandes cidades, ávidas por relaxar enquanto fazem alguma atividade, para aproveitar seu precioso tempo.

underpressuretherapeutics.com

Outro exemplo é o site Trunk Club – www.trunkclub.com. Ele se anuncia como um local que tem roupas selecionadas pessoalmente para homens; roupas Premium; estilistas pessoais. E taxa zero de adesão. Considerando a falta de tempo que os homens tem para sair em busca da produção de seu *look*, estilistas profissionais trabalham para o cliente escolhendo a combinação perfeita para qualquer estilo e qualquer ocasião. Todas as peças são colocadas num pequeno baú, sem que o cliente pague nada por isso. Ele experimenta suas roupas no conforto de casa e tem 10 dias para decidir o que pretende comprar.
Isto é que é serviço!

trunkclub.com

Estamos hoje presenciando as empresas de tecnologia participando de uma corrida para entregar a informação de uma forma cada vez mais acessível e rápida ao usuário. Seja transformando *smartphones* em *smartwatches*, que o consumidor veste e, portanto, está sempre com ele, seja em *smartglasses*, com o qual se acessa tudo com o olhar. A competição das *startups* nunca foi tão acirrada. Qual será o aplicativo do ano escolhido pela Apple? Quem receberá este ou aquele prêmio desta ou daquela publicação digital? A ideia é progressivamente entregar a informação no menor tempo possível e com o menor número de passos para se chegar a ela. Ao mesmo tempo, ainda existem corporações tão engessadas e hierárquicas, com sistema de decisões que precisam passar por tantos setores, departamentos e níveis organizacionais que, antes que o cliente consiga uma resposta à sua solicitação, ele já terá comprado de um concorrente.

Que providências sua empresa está tomando para surfar neste tsunami?

Tsunamis sociais e ondas que morrem na praia

Existem ondas que podem parecer tsunamis, mas não têm a força destas e morrem na praia. Também não têm o epicentro, "elemento gerador", nem provocam mudanças de padrões de comportamento. Talvez você não se lembre da Macarena. Essa música apareceu nos anos 1990, com o grupo espanhol Los del Rio e fez tanto sucesso que ficou quatorze semanas consecutivas no topo do ranking da revista norte-americana *Billboard Hot 100* – uma das maiores permanências no topo na história do *Hot 100*. A música foi um *hit*, não resta dúvidas. Mas o interessante foi que uma instrutora de dança flamenca, na Venezuela, criou para sua turma uma coreografia para dançar, que, curiosamente, espalhou-se pelo resto do mundo e virou uma febre nas festas de todo o tipo.

No Brasil, ao se ouvir os primeiros acordes da música em qualquer festa, todos se levantavam para dançar em conjunto a tal coreografia de Macarena. Muitas pessoas ensaiavam em casa para fazer bonito na festa. Pais gravavam vídeos de seus filhos pequenos dançando. Tamanho foi o sucesso que, entre os anos 1990 e o início do milênio, não havia casamento sem Macarena.

Porém, a mania da Macarena não durou. Foi uma onda passageira, que morreu na praia e ficou muito longe de ter a força de um tsunami. As festas de casamento continuam, e não se houve mais falar de Macarena ■

Por que muitas vezes não percebemos a presença do tsunami social?

Jogue um sapo numa panela com água fervente e ele pulará fora imediatamente.
Coloque o mesmo sapo numa panela com água fria e ponha-a no fogo para aquecer. O sapo ficará lá dentro até morrer.
Na maioria das vezes, as mudanças que vivemos acontecem de forma gradual. Ocorre que o cérebro humano é muito eficiente para detectar mudanças súbitas como notar um objeto que surge à nossa frente ou um odor diferente em nosso ambiente de trabalho, mas não é tão eficiente em identificar alterações graduais, como é o caso das mudanças de comportamento progressivas que compõe a maioria dos tsunamis.
Muitas vezes, estas mudanças de comportamento não são detectadas a "olho nú" se o indivíduo não estiver muito atento, justamente porque os tsunamis vão se avolumando progressivamente.

Além disso, temos uma tendência a observar o mundo e as coisas ao nosso redor como sendo constantes. Imaginamos a personalidade e a forma de agir dos nossos conhecidos como imutáveis e costumamos usar o mesmo raciocínio para os mercados. Uma empresa prevê abrir 20 novas lojas nos próximos 5 anos porque imagina que o mercado se comportará como se comporta hoje. Assim, as corporações definem suas estratégias de marca com suas missões, visões e valores de maneira estática. E tudo isso fica "gravado em pedra" em seu site, na mente de seus dirigentes e na placa da entrada de seus escritórios.
Há uma crença de que marcas são algo que se deve proteger e que a coisa mais segura a fazer com uma marca é não fazer nada. Essa crença defende que marcas são como vasos de porcelana, que são tão delicados e valiosos que, se forem bem protegidos, serão capazes de manter o seu valor ao longo de décadas, ou de séculos ■

No entanto, corporações e marcas são entes vivos que precisam passar por transformações constantes e acompanhar as mudanças que vão transformando a sociedade em que estão inseridas.

Veja como a indústria hoteleira vem se transformado com a entrada de portais como Airbnb, Yelp e outros serviços orientados para os negócios locais. "Nossa unidade não é mais o destino", disse um executivo da filial de uma grande rede hoteleira. "Agora somos um portal para a comunidade que nos rodeia."

Cerca de metade dos viajantes de hoje quer explorar a região durante uma viagem de negócios, de acordo com uma pesquisa de 2013 divulgada recentemente pela Millward Brown. [4]

Segundo esta pesquisa, viajantes de negócios buscam muito mais a "descoberta" do que a "fuga" em suas viagens de trabalho. "Os viajantes superaram seus medos e desconfortos de estarem num lugar novo, uma vez que agora têm acesso a uma série de informações do Google Maps, sites de avaliação como o Yelp e das mídias sociais", disse Oscar Yuan, vice-presidente da consultoria de marcas Millward Brown Optimor. Como resultado desta mudança, grandes hotéis precisam repensar seus posicionamentos de marca, principalmente aqueles voltados ao público dos viajantes de negócio, uma fatia respeitável do mercado da hotelaria. No lugar de se oferecerem como refúgios tranquilos do mundo exterior, deveriam pensar em ofertar experiências locais estimulantes. Muitos de seus hóspedes querem voltar para casa com experiências interessantes para contar.

http://www.almocodesexta.com.br/tag/cingapura/

http://www.mymodernmet.com/profiles/blogs/spectacular-underwater-bedroom

Que tal transformar cada hotel de sua rede num reflexo da história e cultura local?
Foi o que fez a rede Indigo de hotéis de luxo. Além de ter transformado suas 55 propriedades, ainda oferece eventos para os moradores locais, como o *Canine Cocktail hours*, onde residentes da cidade são convidados ao hotel para um happy hour com seus pets. A ideia é fazer parte do bairro.[5]

"Cada hotel é tão individual como seu entorno e é também um reflexo dele. Pode-se provar um sabor local em nossos menus e ouvir o som de nossos músicos que revela a vibração da região. É possível conhecer algo da localidade através da arte e fotografia que transmitem um instantâneo da história cultural de cada destino.
Acima de tudo, você pode confiar quando a pessoa trabalhando na recepção informa a você onde encontrar aquele 'algo perfeito', em algum lugar fora do comum ■ "

"Renovar sua marca continuamente é essencial para permanecer na disputa." BrandZ 2013 – Millward Brown Optimor

Capítulo 3
Mudanças no cenário econômico do século XX

http://www.seriouswheels.com/def/Ford-Model-T-Centennial-Henry-Ford-1024x768.htm

"Não é a mais forte das espécies a que sobrevive, nem a mais inteligente, mas aquela que melhor responde às mudanças."
Charles Darwin

O início do século XX foi marcado pela era da industrialização, iniciada pela introdução da linha de montagem nos Estados Unidos por Henry Ford em 1913.
Até então, os automóveis eram produtos de luxo, manufaturados um a um e sob encomenda, para indivíduos endinheirados. Quem assistiu à série britânica de TV *Downton Abbey*, que retrata a vida da família aristocrática Crawley e se passa numa pequena cidade fictícia da Inglaterra nos anos pós-eduardianos, durante a Primeira Guerra Mundial, teve a oportunidade de se deliciar com o luxo de alguns dos modelos de automóveis usados naquela produção, como o Renault 1911 12/16 hp Landaulette, de Lord Grantham, ou um lindo Rolls-Royce 1910 40/50 hp conversível que aparece na segunda temporada da série.

Henry Ford foi genial ao enxergar a oportunidade de fabricar (e vender) um carro popular, o famoso modelo T, chamado no Brasil de Ford de Bigode. E essa oportunidade só se tornaria possível com sua linha de montagem de fabricação em série. Com isto, Ford tornou o transporte individual acessível às massas, uma de suas maiores contribuições à sociedade. Para fabricar um modelo barato, precisava usar critérios que levassem à economia de custos. O primeiro e mais importante era que fossem todos iguais. É desta época sua famosa frase:

"O consumidor pode escolher a cor de automóvel que quiser, desde que seja preta."

http://smithlhhsb122.wikispaces.com/Emma+B.

Neste momento da história econômica, fabricar era tudo: as empresas buscavam *share of manufacturing* para vencer no mercado. Quem conseguisse montar uma fábrica, dominar os meios de produção e treinar eficientemente seus funcionários, levava grande vantagem competitiva ∎

Era da industrialização → Foco no produto

Ford T
caccstudiov.com

Ford Motor Company:
introdução da linha de montagem em 1913.
Fabricar é tudo.

commons.wikimedia.org

Share of manufacturing

Em meados do século XX, as empresas já ofereciam ao mercado inúmeros produtos de todos os tipos e modelos, com marcas diferentes. Fabricar já não era segredo para ninguém e, neste ponto da história, vender é que era o x da questão. Foi o momento áureo da propaganda: Madison Avenue, em Nova York, borbulhava com suas famosas agências de publicidade produzindo grandes campanhas de propaganda para divulgar e vender produtos e serviços de seus clientes. Quem assistiu à série de TV *Mad Men,* pôde ver um belo retrato da época. A série acompanha os sucessos e infortúnios de Don Draper, personagem central, sócio e diretor de criação da agência Sterling Cooper Draper Pryce de Nova York. Muitas das campanhas publicitárias utilizadas em *Mad Men* mostram campanhas reais que foram veiculadas naquela época. Frequentemente essas campanhas vendiam sonhos, usando a fantasia para persuadir as pessoas a comprarem produtos e serviços. Veja este exemplo:

"I dreamed I was a knockout in my Maidenform bra!"
"Sonhei que eu estava um arraso no meu sutiã Maidenform!" [1]

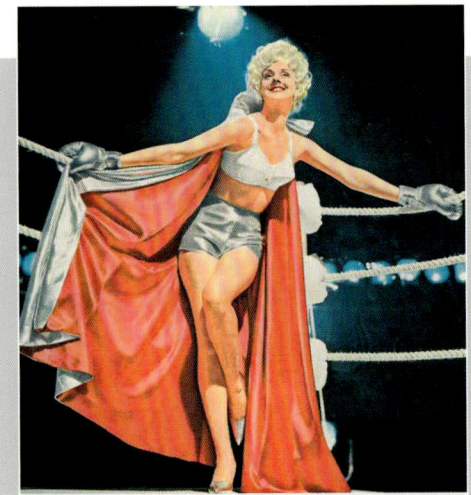

http://premiumblend.net/2010/01/31/i-dreamed-i-conquered-the-world-in-my-maidenform-bra/

A palavra *knockout*, em inglês, tem duplo sentido: sua tradução literal é "nocaute", critério para a vitória na luta de boxe; no sentido figurado sua tradução mais próxima seria um "arraso".

Imagine uma loira sensacional, num ringue de boxe, vestindo apenas sutiã, shortinho prata, salto alto, capa vermelha e luvas de boxe. Imaginou? Quais seriam as representações mais claras destes ícones? Sexo! Independência! Dominância! Ainda hoje, na era do vale-tudo, esta imagem é quente, confere? Imagine a fogueira que esta mulher acendeu na revista *Life*, quando apareceu em fevereiro de 1961. Mas a mulher Maidenform não era apenas ardente: ela também personalizava tudo aquilo que preenchia a fantasia do *empowerment* feminino.

Ícone sexual masculino e ídolo de poder feminino. Que imagem poderia ser mais expressiva? Criada pela agência Norman, Craig & Kunnel em 1949, seu sucesso a manteve no ar por vinte anos. Nascia, com os profissionais da época, o que chamamos hoje de "marketing aspiracional", o marketing cujo objetivo é convencer o consumidor que, usando certas marcas, ele ganha reconhecimento e aceitação social, benefícios que, se encontram nos 2 últimos níveis da pirâmide de Maslow [7]. É bom lembrar que o marketing não inventou esta ideia: o ser humano é, por natureza, um ser aspiracional, ou seja, sempre deseja ser algo mais. O que acontece é que este conceito tem sido aproveitado pelas agências de comunicação para divulgar do produto mais econômico ao mais exclusivo e atingir todos os públicos.

Veja este *case* apresentado por Don Draper, na série *Mad Men*.

Kodak lança o "Carousel", seu novo projetor de slides.

Em princípio, trata-se apenas de um projetor de slides, certo? Nem perto disso. Durante uma das cenas mais memoráveis da série, Don Draper apresenta para seu cliente Kodak a ideia para o nome do produto e a respectiva campanha. Enquanto as imagens de sua esposa e filhos aparecem, Draper derrama lágrimas, talvez relembrando os melhores dias de um casamento fracassado. Seu discurso transforma o projetor utilitário em uma máquina de sonhos. Comprove o que estou contando com a fala de Draper:

"Bem, a tecnologia é uma isca brilhante. Mas há aquelas raras ocasiões em que o público pode estar envolvido num nível além da projeção em si, se eles têm uma ligação sentimental com o produto. No meu primeiro trabalho, eu estava acompanhado de um experiente redator, um grego chamado Teddy. E Teddy me disse que a ideia mais importante na publicidade é a ideia do 'novo'. Ela cria uma coceira. Basta colocar o seu produto lá como uma espécie de... loção contra esta coceira. Mas ele também falou sobre um vínculo mais profundo com o produto: nostalgia. É delicado... mas potente."

"Teddy me disse que, em grego, 'nostalgia' significa, literalmente, a dor de uma ferida antiga. É uma pontada em seu coração muito mais poderosa do que a memória por si só. Este dispositivo não é uma nave espacial. É uma máquina do tempo. Vai para trás, para a frente. Ela nos leva a um lugar onde ansiamos por voltar. Não é uma roda. É um carrossel. Ele nos permite viajar da mesma forma que uma criança se move. Ao redor e ao redor e volta para casa... para um lugar onde sabemos que somos amados."

http://madmen.wikia.com

Brilhante! Draper transforma um projetor de slides, um dispositivo funcional, num instrumento de fantasia.

As empresas, que dominavam o processo de produção, procuravam as agências para vencer a corrida, ou, em outras palavras, aumentar o seu *market share*. O foco não estava mais no produto, e sim na massa de consumidores.

Era do mercado → **Foco nas massas**

Inúmeros produtos e versões, marcas diferentes. **Vender é tudo.**

Share of market

Naquele momento, do ponto de vista das empresas, as massas se comportavam de maneira homogênea, com as pessoas expressando seus desejos de consumo como similares aos de seus amigos, colegas de trabalho e vizinhos. O pai de família desejava comprar o automóvel de último tipo, igual ao que seu vizinho comprou, e sua esposa, dona de casa, sonhava com a mesma batedeira que a vizinha da frente já tinha.

No final do século XX, entramos na era da informação. Com a tecnologia à disposição de todos, o consumidor tem acesso a informações que antes não tinha. Esse consumidor encontra produtos e serviços com facilidade e já não quer ser tratado como parte de uma massa amorfa. As empresas passam a procurar novas formas de interessá-lo e entendem que a massa não é mais uniforme: o indivíduo quer personalização nos produtos que compra e serviços que usa; as tatuagens, por exemplo, passam a constituir uma forma de expressão de sua individualidade. Ele demonstra um profundo desejo de ser diferente e as empresas passam a buscar *share of mind*, um espaço na mente do consumidor. Esta é a fórmula mágica que encontram hoje para ter sucesso num mercado cada vez mais competitivo. Visto por uma outra perspectiva, na era da industrialização, o valor estava nas coisas tangíveis. Na era da informação, as coisas tangíveis vêm acompanhadas de um pacote de significados intangíveis, que lhes agregam valor. Por exemplo: se eu decidisse comprar uma caneta Montblanc na era da industrialização, no início do século XX, a razão que me levaria a esta decisão de compra seria a qualidade indiscutível do produto. Eu compraria a caneta porque ela escreve muito bem, é elegante e iria durar por muitosanos. Caso eu decidisse comprar a mesma caneta no final do século XX, minha decisão de compra possivelmente teria sido influenciada por significados intangíveis como status, pertencimento, percepção de ascensão social etc. Participei de um congresso há pouco tempo, onde estavam presentes diretores de grandes organizações de vários estados do Brasil. Éramos ao todo 300 participantes que assistiam palestras e trabalhavam em pequenos grupos. No meu grupo, havia um indivíduo que trazia uma caneta Montblanc no bolso todos os dias. Porém nenhuma vez esta caneta foi utilizada para seu objetivo "fundamental": escrever. O congresso nos fornecia canetas e blocos de anotações. Para ele, aquela caneta gerava outras significações. Talvez em sua empresa só diretores a usassem ou fosse um símbolo de sucesso. Seja lá quais fossem estes significados, eles estavam lá acompanhando quem a usava ■

Era da informação → Foco no consumidor

Personalização de produtos.
Customizar é tudo.

Share of mind

Capítulo 4
O maior tsunami deste século: que tsunami é esse?

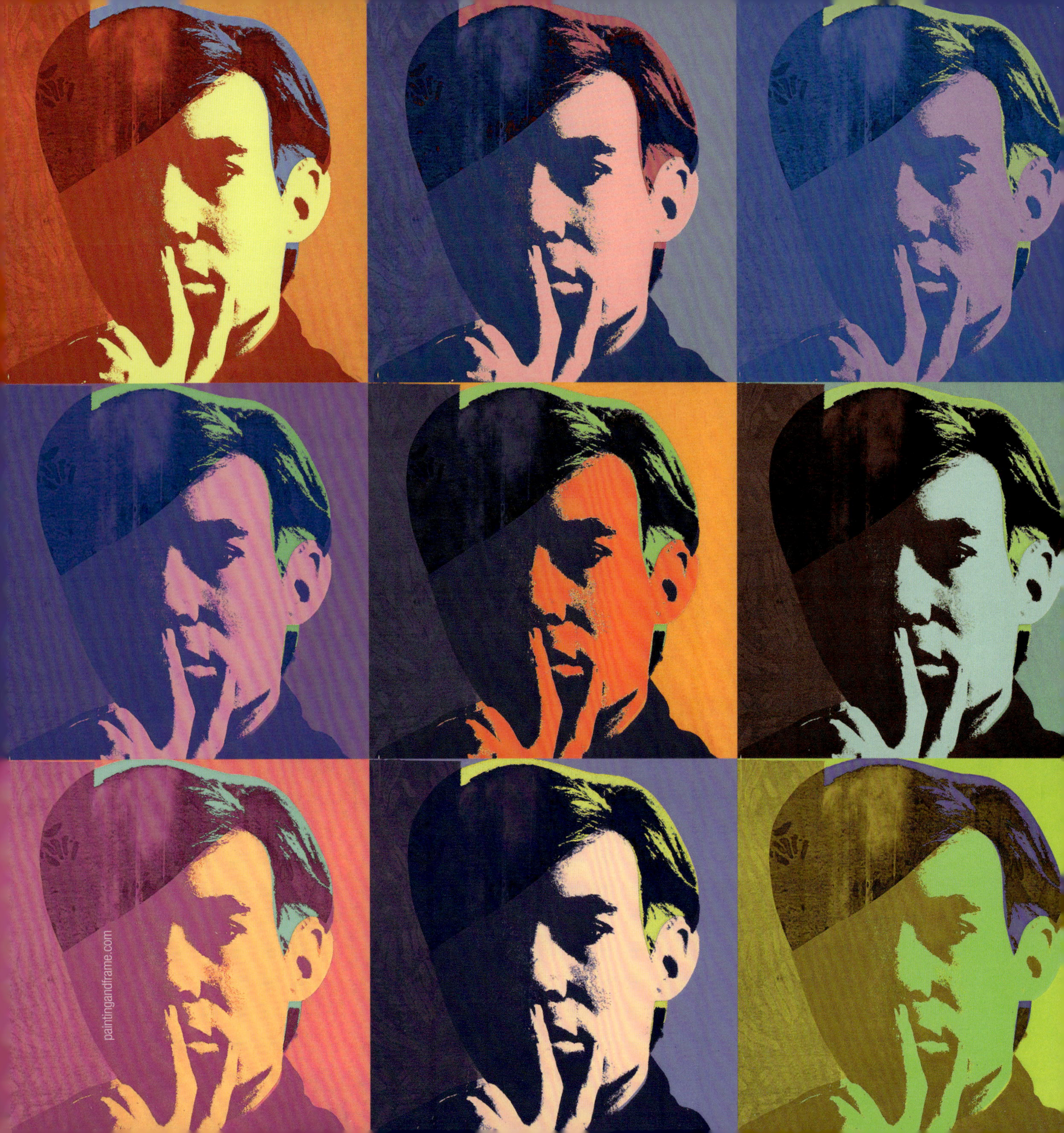
paintingandframe.com

"No futuro todas as pessoas serão famosas por 15 minutos."
Andy Warhol

Em 1968, quando Warhol fez esta profecia, não tinha ideia da magnitude que sua declaração alcançaria quase cinquenta anos depois.

Que homem de visão!

Nunca se falou tanto no poder das pessoas. Que poder é esse?
A revista TIME publica todos os anos, desde 1927, a sua edição anual *Person of the year* (a pessoa do ano). O objetivo é escolher a pessoa, grupo, ideia ou objeto que mais influenciou, para o bem ou para o mal, os eventos daquele ano. A edição de *Person of the year*, que no passado se chamava *Man of the year*, já dedicou sua capa a personalidades como Mahatma Gandhi, rainha Elizabeth, John Kennedy, Martin Luther King, Jeff Bezos, e, em 2011, aos manifestantes – representando a maioria dos movimentos globais de protesto como a Primavera Árabe, o movimento do *Tea Party* americano e tantos outros na Grécia, Índia, Rússia e Chile. Também já consagrou, em 1982, o computador como *Machine of the year* e a Terra ameaçada, *Planet of the year*, em 1988. [1]

Veja esta capa, publicada em dezembro de 2006:
Ela trazia na tela do computador um material refletivo, de forma que o que você enxergava era seu próprio reflexo.
A pessoa do ano escolhida foi VOCÊ! Parafraseando Rick Stengel, editor da revista, "os indivíduos transformaram a natureza da era da informação: são os criadores e consumidores de conteúdo; transformaram arte, política, comércio e são cidadãos engajados na democracia digital."A grande transformação que ocorreu acompanhou a mudança de uso da internet: ela foi deixando de ser um instrumento de intercâmbio entre cientistas para se tornar uma ferramenta que agrupa pequenas contribuições de milhões de pessoas e dá, a cada uma delas, o poder de fazer a diferença.

Foi assim que a pessoa comum ganhou poder – e como!

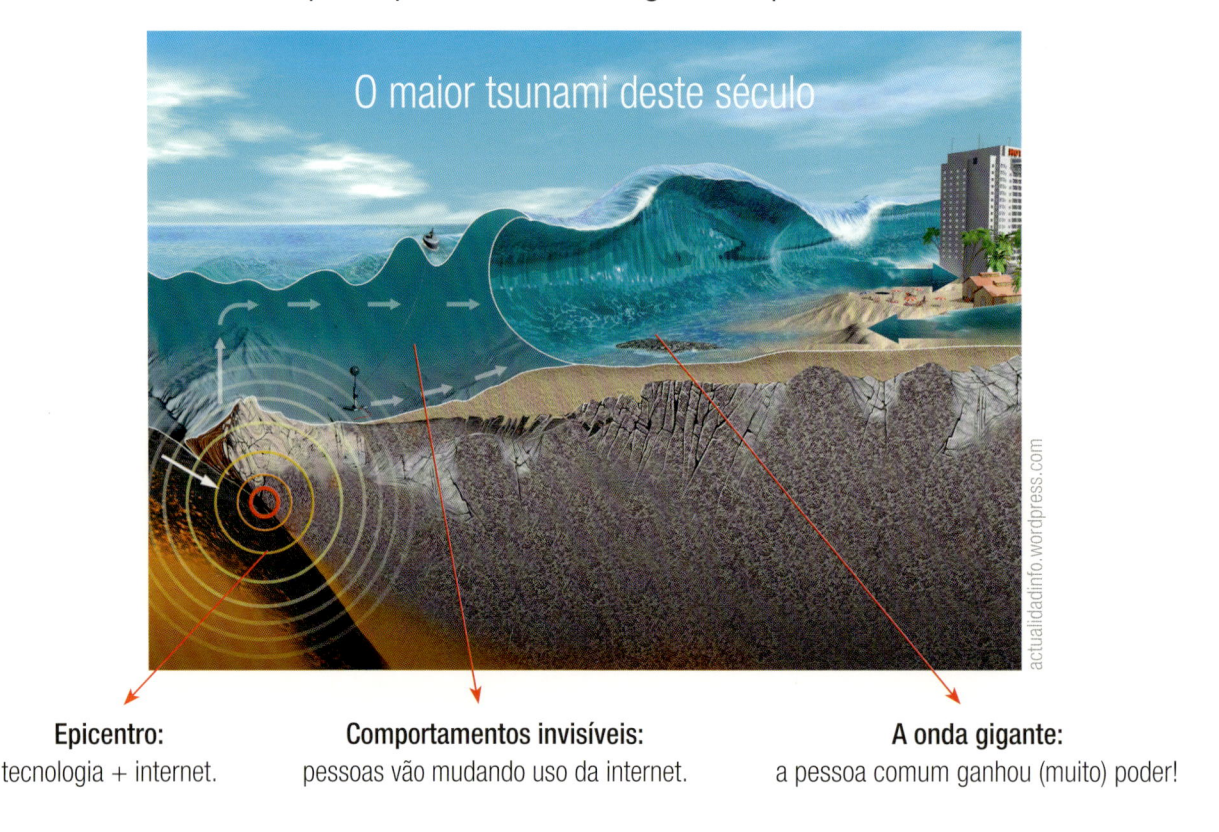

O maior tsunami deste século

Epicentro:
tecnologia + internet.

Comportamentos invisíveis:
pessoas vão mudando uso da internet.

A onda gigante:
a pessoa comum ganhou (muito) poder!

Pela primeira vez na história, as dificuldades dos negócios não são controladas pelas empresas, mas sim pelos consumidores.

Revistas, jornais e livros têm dado muita atenção a este tema nos últimos anos: o *empowerment* das pessoas. A revista *Época*, no final de 2013, por exemplo, dedicou sua capa ao tema. Acompanhando o título da reportagem "Reclamar funciona", o subtítulo anunciava: "Nunca o consumidor teve tanto poder quanto na era digital". E acrescentava: "O impacto da nova força do cliente para destruir reputações está revolucionando o modo como as empresas lidam com seu público."

Claro, o consumidor ganhou força para reclamar. Ganhou voz, que antes não lhe era dada. Pense comigo: se há dez anos eu encomendasse um produto e este produto não fosse entregue, como eu poderia me manifestar? Certamente poderia abrir um processo contra o fornecedor que me prejudicou, mas isso seria dispendioso e demorado. Eu também teria a possibilidade de escrever uma carta aos jornais. Mas qual seria minha garantia de que algum veículo iria publicá-la?

Hoje, na era digital, posso recorrer ao Twitter, ao Facebook, usando um *hashtag* com o nome da empresa. Posso escrever em meu blog ou em qualquer rede social. Ou ainda, usar sites específicos como o ReclameAqui, de Maurício Vargas, que se propõe a representar os consumidores insatisfeitos perante as empresas e já tem **9 milhões** de usuários registrados. Realmente, hoje é muito fácil por a boca no trombone.

Acontece que, com o tal *empowerment*, as pessoas estão manifestando uma série de outros comportamentos, além de reclamar. E a abrangência de suas conquistas é incomensurável!
O tsunami que teve seu epicentro na tecnologia e no início da internet para uso pessoal, deu origem a ondas invisíveis de comportamentos que foram se propagando mundo afora e se transformando, conforme o uso feito pelas pessoas dos *softwares*, *apps*, *wikis* e redes sociais colocados à sua disposição. Veja o caso do Facebook, originalmente criado para ser uma forma de comunicação entre estudantes de Harvard e que, logo depois, se abriu à participação de estudantes de outras universidades americanas. A aceitação e sucesso desta rede social foi tamanha que, em pouco tempo, foi aberta ao público e logo atingiu milhões de usuários de todas as partes do mundo. Hoje é a maior rede social do mundo e seu papel no planeta não possui qualquer parâmetro de comparação com a "comunicação entre estudantes", seu propósito inicial. Mark Zuckerberg, seu principal criador, tem menos de **30** anos e apareceu em **2014** na lista da *Forbes* em **21º** lugar, com uma fortuna avaliada em **28,5 bilhões** de dólares!

A internet

A própria internet foi sendo modificada com o tempo, com o avanço da tecnologia e pelo modo com que as pessoas foram utilizando suas ferramentas. Conheça brevemente sua história:

1989 Tim Berners-Lee, um cientista britânico que trabalhava na Organisation Européenne pour la Recherche Nucléaire (CERN), na Suíça, apresenta uma proposta de um "sistema de informação distribuída" para permitir que pesquisadores pudessem lidar com enormes quantidades de informações geradas por complexos experimentos de física. Assim nasce a World Wide Web. Seu trabalho pioneiro teve tamanha importância que, recentemente, ele recebeu da rainha Elizabeth II o título de cavaleiro, a maior honra a que um cidadão inglês pode almejar. Hoje ele é chamado de Sir Berners-Lee.

Foto: *The Guardian*

1993 A CERN libera o código fonte da World Wide Web e anuncia que a deixará disponível gratuitamente. Até o final do ano, surgem mais de 500 servidores na *web*.

1994 Já existem 10 mil servidores, 2 mil deles de cunho comercial. Há 10 milhões de usuários, que geram um tráfego correspondente, de acordo com a CERN, ao envio das obras completas de Shakespeare a cada segundo.

1995 Jeff Bezos lança a Amazon.com (hoje a maior varejista on-line do planeta) como uma livraria on-line a partir de computadores em sua garagem, em Seattle, Washington, EUA. No segundo semestre, a Microsoft lança a primeira versão do navegador Internet Explorer, que viria a dominar o mercado como parte de sua plataforma Windows.

1997 Larry Page e Sergey Brin registram o Google apenas como um domínio na internet. O Google é hoje a segunda maior empresa dos Estados Unidos, com um valor de cerca de 395 bilhões de dólares, superada apenas pela Apple (465 bilhões de dólares).

2000 O boom da internet atinge o seu pico, seguido do estouro da bolha das *dotcom*. Nos anos anteriores houve uma corrida aos investimentos em empresas digitais e consequente supervalorização de suas ações. Culmina com a America On Line comprando a mais que tradicional empresa de mídia Time Warner por quase 200 bilhões de dólares. Grande parte delas fica longe da performance desejada e investidores perdem bilhões de dólares. Em outubro de 2002, agravado pelo efeito do ataque terrorista de 11 de setembro o índice de ações com foco em tecnologia Nasdaq cai 78%.

2004 Mark Zuckerberg, estudante de psicologia da Universidade de Harvard, lança o Facebook com seus colegas de quarto para conectar estudantes da universidade. A rede de relacionamentos foi lançada para o público em geral em 2006 e possui, em janeiro de 2014, cerca de 1,2 bilhão de usuários mensais.

2005 É lançado um site de hospedagem de vídeo com o nome de YouTube. Aproveitando-se do aumento da velocidade das conexões, ele permite que usuários façam o *upload* de conteúdos gerados por eles mesmos. Hoje, de acordo com a empresa, 1 bilhão de pessoas assistem mais de 6 bilhões de horas de vídeo em 61 línguas a cada mês, e mais de 100 horas de vídeo são carregadas a cada minuto.

2006 O Twitter, "um serviço de mensagem de texto que permitia aos usuários se comunicar rapidamente com um pequeno grupo", é criado por Jack Dorsey, Evan Williams, Biz Stone e Noah Glass. O primeiro tweet é enviado por @Jack em 21 de março. Hoje é um gigante de mídia social, com quase 650 milhões de usuários ativos em todo o mundo.

2007 A Apple lança o iPhone. Ela revoluciona a navegação móvel na internet com um aparelho que possui grande tela *touchscreen* e uma versão para smartphone do seu navegador Safari. Esse lançamento gera o mundo dos aplicativos.

2008 A Apple lança sua App Store.

2010 A Apple lança o iPad, o primeiro *tablet* do mundo, levando a internet a alçar voo em outra direção móvel. No mesmo ano, o Instagram, site de edição e compartilhamento de imagens, é lançado. Em abril de 2012, é vendido para o Facebook por 1 bilhão de dólares.

2014 O Facebook paga 19 bilhões dólares pelo sistema de mensagens móveis multiplataforma WhatsApp, criado em 2009 por dois ex-funcionários do Yahoo. Em março de 2014, ele já possui mais de 450 milhões de usuários ativos. [2]

Da época de Tim Berners-Lee até o mundo do *empowerment* de hoje, com suas redes sociais e aplicativos móveis, muitas águas rolaram ■

O maior tsunami do século foi ganhando força através das ondas submersas, invisíveis, até chegar à superfície e criar a maior onda do planeta.

O *empowerment* da pessoa

Realmente, o poder que o indivíduo conquistou durante esta jornada criou uma revolução em nossas vidas.
A tecnologia já exerceu enorme impacto e alterou a forma como os produtos estão sendo inventados, produzidos, comunicados ao mercado e distribuídos no universo globalizado.

Veja esses dados:

A internet completou **26 anos** em março de 2014.
Somos hoje **7,2 bilhões** de habitantes no mundo, **53%** vivendo em áreas urbanas. Já totalizamos **3 bilhões** de usuários da internet. Nos Estados Unidos, **87%** da população tem acesso à internet e no Brasil **54%**. [3]

Veja o tempo que estas mídias levaram para atingir **50 milhões** de usuários: [4]

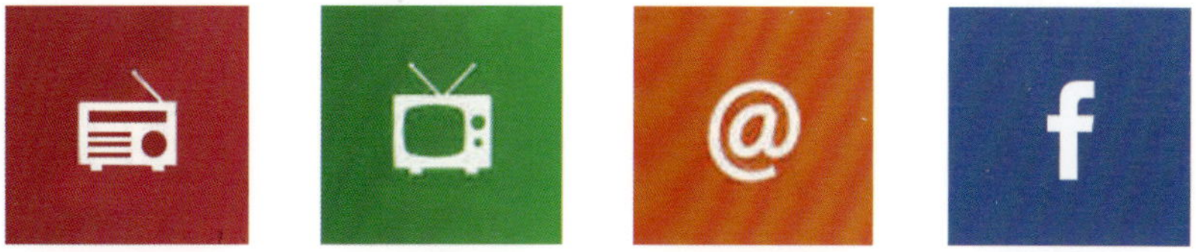

Rádio	TV	Internet	Facebook
38 anos	13 anos	4 anos	2 anos

As mudanças que estamos vivendo acontecem num espaço de tempo cada vez menor e o seu impacto na sociedade é cada vez maior!

E depois das transformações geradas por este tsunami gigante o mundo jamais será o mesmo. O ex-senador colombiano Luis Eladio Pérez foi refém das FARC por 6 anos. Pérez foi sequestrado em junho de 2001 e libertado em fevereiro de 2008. No seu relato após a libertação, contou que "não tinha e-mail, nunca viu a cena do atentado de 11 de setembro em Nova York, nem entendeu porque as pessoas apontavam seus celulares para ele, depois de pedir uma foto; ele se perguntava, assombrado, onde estavam as câmeras."
Um indivíduo isolado da sociedade por "apenas" 7 anos, quando volta a ter contato com ela, já não é capaz de compreender quase nada que se passa ao seu redor.

O mundo mudou. Mudou muito!

Mudou porque as pessoas estão utilizando as ferramentas que a internet passou a lhes oferecer para fazer coisas jamais imaginadas. Veja, no próximo capítulo, o que as pessoas estão fazendo com as ferramentas que a grande *web* lhes ofereceu nestes tempos de *empowerment* ■

Capítulo 5
Ondas poderosas do tsunami que ainda dá para pegar

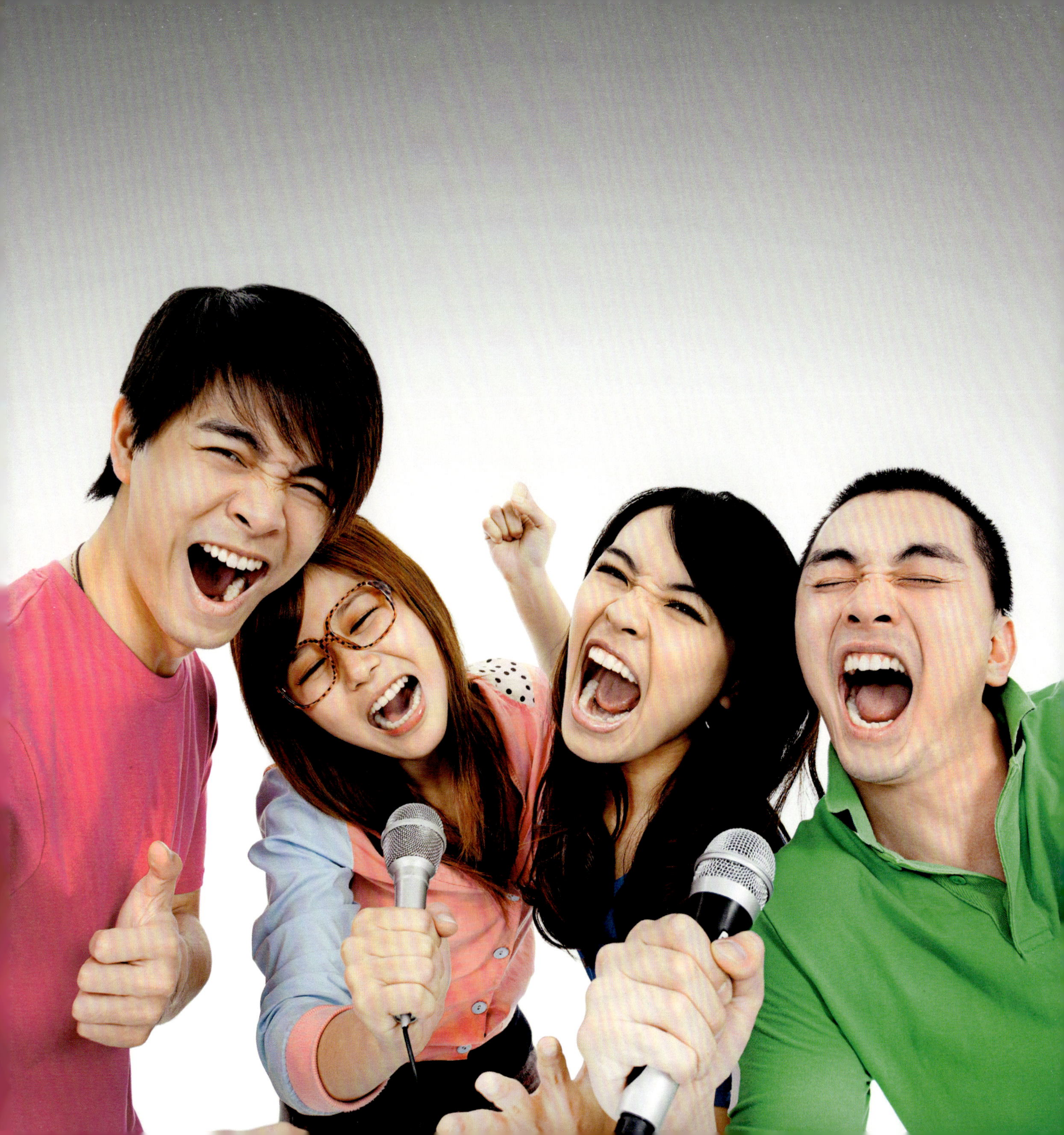

1 Autoexpressão, participação e relacionamento

"O futuro está embutido no presente."
John Naisbitt, futurista.

Ah! Se eu tivesse prestado a devida atenção ao fenômeno do karaokê...
O karaokê era uma tradição no Japão. Apenas no Japão, um costume japonês. Porém, num certo momento, estas salas de cantoria atravessaram as fronteiras do país e, em pouco tempo, pipocavam por todos os cantos do planeta. No Brasil mesmo, ir ao karaokê à noite com amigos passou a ser um programa desejado e divertido.
Quem tivesse prestado a devida atenção ao fenômeno da globalização do karaokê talvez tivesse antecipado o fenômeno dos *reality shows*.

Por que fenômenos como esses acontecem?

Os dois episódios acima vão de encontro a uma profunda necessidade do ser humano. Necessidade de que?

O indivíduo busca preencher um desejo pessoal de expressão, dentro de um contexto social.

O *reality show* proporciona a possibilidade real de se alcançar um sonho, da mesma forma que funcionava, na fantasia, a figura da Cinderela, e representa uma nova forma de uma pessoa comum atuar na sociedade como herói num nível de massas, e, assim, tornar-se uma celebridade.

Lembra-se de como Grazi Massafera surgiu no cenário? Grazielli Soares Massafera, nascida em Jacarezinho, em 28 de junho de 1982, ficou conhecida ao participar do *reality show* Big Brother Brasil 5. Hoje é uma atriz de sucesso, uma celebridade!

O *reality show* é, de fato, uma forma de autoexpressão. Porém está disponível apenas para poucos... enquanto a internet oferece formas de autoexpressão para muitos! Na verdade, para qualquer um! Um exemplo disto é o blogging.

Há alguns anos, se eu quisesse expressar minha opinião sobre qualquer assunto, poderia escrever uma carta para algum jornal ou revista. Mas que garantia teria eu de que minha carta seria publicada? Hoje, qualquer pessoa pode ter seu próprio *blog* e emitir opiniões sobre o que quiser. E há no ciberespaço um número incalculável de *blogs*. Também pode postar no Twitter, no Facebook, no Instagram ou em qualquer mídia digital.

Não há dúvidas de que este é o movimento de águas que mais potência fornece ao tsunami de que falo. Ele marca a grande transição para a "era da informação" e a grande mudança de comportamento gerada pela introdução da Web 2.0. A característica principal desse movimento é que os usuários exigem participar dos sites que visitam e das marcas com que se relacionam e hoje inserem conteúdo e trocam informações através das redes sociais que participam.

Veja o sucesso destas redes sociais (dados de janeiro de 2014):

Facebook:
1,31 bilhões de usuários ativos [1]

Twitter:
646 milhões de usuários registrados ativos [2]

Instagram:
300 milhões de usuários ativos [3]

Pinterest:
73 milhões de usuários [4]

Linkedin:
350 milhões de usuários [5]

O que procuram as pessoas quando acessam as redes sociais?

Os usuários buscam uma praça pública digital, onde possam se expressar no tal contexto social, para seus muitos "amigos", assumindo um certo risco e de uma forma muitas vezes um tanto narcisista – está aí o *selfie*, palavra do ano do dicionário Oxford de 2013, [6] que não me deixa mentir.

Na verdade, o interessante é que as pessoas podem escolher a forma como querem ser percebidas e se expressam desta maneira através destas redes.

Há algo muito especial sobre a maneira como podemos moldar as personas digitais de nós mesmos. Vivemos numa época em que existimos em dois mundos:

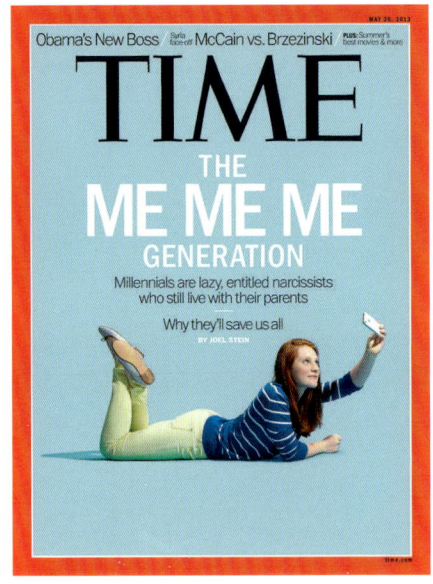

o tangível e o universo pixealizado.

Enquanto temos muito pouco controle sobre a percepção dos outros sobre nós em nossas ações do dia a dia, temos a notável capacidade de nos mostrar exatamente como queremos ser percebidos no mundo on-line. E as redes sociais acabam funcionando como ferramentas para construção de uma certa marca pessoal. Criamos uma *persona* que expressa o nosso melhor, na qual valorizamos apenas aquilo que apreciamos em nós mesmos.

Cada informação que postamos representa momentos que captam imagens e textos que se destinam a expressar quem queremos ser.

Com o crescimento das redes sociais, cresceu também a confiança nas recomendações e opiniões de nossos "amigos" do Facebook ou nas críticas de desconhecidos, que lemos on-line. Ao mesmo tempo, diminuiu a nossa confiança na comunicação das marcas na mídia, assim como nos próprios veículos de informação.

Este fato, isoladamente, traz sérias consequências para a forma como produtos e serviços são comercializados hoje.

O relatório *Global Trust In Advertising* de 2012, feito pela Nielsen, concluiu que **as pessoas confiam mais em recomendações de amigos e opiniões de consumidores on-line do que na publicidade que as marcas fazem para se comunicar com elas.**

De acordo com este relatório, que entrevistou mais de **28 mil usuários** de internet em **56 países, 92% dos consumidores** dizem confiar em recomendações de amigos e familiares acima de qualquer forma de publicidade. A opinião de consumidores on-line fica em 2º lugar como fonte mais confiável, com **70% dos consumidores** on-line pesquisados afirmando que confiam nas mensagem que leem nestas plataformas.

Em 3º, 4º e 5º lugares, estão, respectivamente, o **conteúdo editorial (58%)**, os **sites das marcas (58%)** e os **e-mails que optamos por receber (50%)**.

As formas tradicionais de publicidade que utilizam mídias como TV, mídia impressa e rádio, ficaram em última posição na questão "confiança dos consumidores", e enfrentaram uma queda significativa **de 29%**, desde 2009 (7)

Global Average	Trust Completely/ Somewhat	Don't Trust Much/ At All
Recommendations from people I know	92%	8%
Consumer opinions posted online	70%	30%
Editorial content such as newspaper articles	58%	42%
Branded Websites	58%	42%
Emails I signed up for	50%	50%
Ads on TV	47%	53%
Brand sponsorchips	47%	53%
Ads in magazines	47%	53%
Billboards and other outdoor advertising	47%	53%
Ads in newspaper	46%	54%
Ads on radio	42%	58%
Ads before movies	41%	59%
TV program product placements	40%	60%
Ads served in search engine results	40%	60%
Online video ads	36%	64%
Ads on social networks	36%	64%
Online banner ads	33%	67%
Display ads on mobile devices	33%	67%
Text ads on mobile phones	29%	71%

Source Nielsen Global trust in Advertising Survey. Q3 2011

Social commerce

Por conta deste comportamento que acabamos de analisar, uma nova modalidade de comércio tem surgido e não pode passar desapercebida pelas empresas. Estou falando do *social commerce*.

Com a ênfase na troca de opiniões entre amigos, familiares, conhecidos das redes sociais e desconhecidos, através das plataformas designadas para isto, a Nielsen prediz que o *social commerce* só tende a crescer e se firmar. Pense nesta situação: quando estamos em dúvida sobre o que comprar, é comum confiarmos na opinião de amigos, certo?

Portanto, integrar elementos como *ratings* e sistemas de recomendação, botões de compartilhamento social e ferramentas que permitam a compra conjunta passam a ser ideias inteligentes para implantar e turbinar o *social commerce*.

"Nenhuma palavra teve em seu significado uma mudança tão profunda quanto a palavra 'compartilhar'. Ela se transformou de uma virtude para um clique."
Edelman/Significa Brasil

O *social commerce* integra o comércio, on-line ou off-line, com as mídias sociais. As marcas, para ter sucesso nesta empreitada, devem incorporar em sua estratégia ferramentas eminentemente sociais que habilitem o consumidor ao compartilhamento, postagem de comentários e opiniões, e a possibilidade para ranqueamentos.

Algumas marcas surfam nesta nova onda com criatividade, como é o caso da Levi's, que tem feito um belíssimo trabalho em *social shopping* e abocanhado uma fatia significativa de consumidores satisfeitos. Esta é uma marca que está embutida na cultura americana deste o final do século XIX. Nos tempos de hoje, ela incita o público a desenvolver seu próprio estilo pessoal usando seus jeans e acessórios, em mais de 110 países. Em seu significado e essência de marca, há individualidade e liberdade, que a Levi's consegue materializar com rara habilidade e ainda faz transparecer um certo ar de "faço isso de um jeito *cool*, naturalmente e sem esforço."

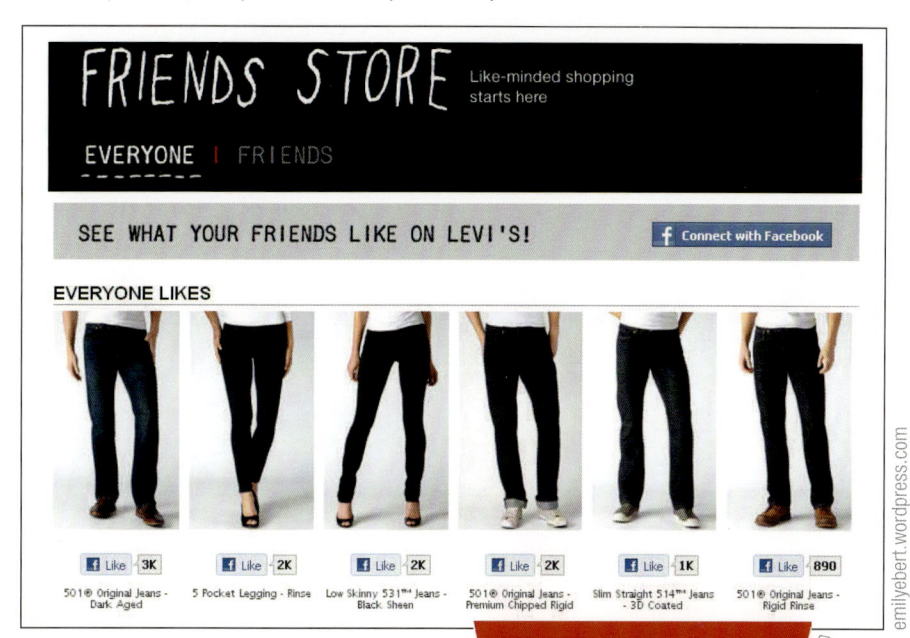

Pode-se dizer que a marca foi uma das pioneiras na incorporação de *plug-ins* sociais em seu site. Adicionando Facebook *like plug-ins*, a Levi's revolucionou a experiência de compra on-line e trouxe ao mundo o *social shopping*. Consumidores podiam ver seus jeans e acompanhar o número de *likes* de cada modelo e até ver quantos e quais de seus amigos aprovaram os mesmos modelos escolhidos. Até criaram à parte uma "loja dos amigos", onde produtos aprovados pelos amigos do Facebook eram separados para gerar uma lista de peças que o consumidor poderia se interessar em comprar.

Esta estratégia teve enorme sucesso, por conseguir que consumidores fizessem o trabalho de marketing para a marca.

O formato agiu como uma nova forma tecnológica do velho boca a boca. Visto pelo lado do consumidor, as ferramentas habilitaram o público a fazer o que procuravam: compartilhar suas escolhas com seus amigos e influenciar suas compras, aproximando a compra on-line de um verdadeiro passeio com colegas pelo shopping center e dando a este passeio uma dimensão toda nova. Para a marca, tudo isso ainda serviu para medir a aprovação dos jeans e usar o resultado desta pesquisa para reposicionar seus produtos. Simplesmente brilhante! [8]

A Edelman – grupo global da área de comunicações – conduziu um estudo mundial em 2013 para compreender a importância "do profundo desejo de troca de opiniões entre as pessoas e a relação deste comportamento com as marcas, em termos de compras e recomendações".

A amostra global foi de **11 mil** pessoas em **8** países, sobre **212** marcas de **12** setores da indústria. No Brasil, a amostra foi de **mil** questionários em **27** estados, sobre **68** marcas, **48** multinacionais e **20** marcas brasileiras.

O instituto concluiu que:

No mundo	No Brasil
90% das pessoas desejam que marcas interajam e compartilhem com elas.	**87%** das pessoas desejam que marcas interajam e compartilhem com elas.
10% das pessoas acreditam que as marcas façam um bom trabalho em relação a esta questão.	**16%** das pessoas acreditam que as marcas façam um bom trabalho em relação a esta questão.

Como você pode constatar, existe um grande *gap* entre o que é importante para as pessoas e o que as marcas entregam.

Diálogo compartilhado é o primeiro passo para compartilhar sua marca com seu público. Uma média de 40% das pessoas desejam que sua marca se envolva em conversas mais significativas com elas.

As pessoas querem que você as ouça, mostre interesse genuíno e, mais importante, aja de acordo com o que você ouve ▪

Edelman/Significa Brasil

2 O novo mundo da colaboração em massa

O conceito de *web* colaborativa foi introduzido com o lançamento do Linux e das bases *open source* que mudaram definitivamente a mentalidade dos usuários. Mas os grandes pioneiros da participação em massa, ouso afirmar, foram Chad Hurley, 29 anos, e Steve Chan, de 27, quando surgiram com a ideia do YouTube em 2005. O que fizeram estes dois jovens de tão original? Introduziram um conceito totalmente inovador: a democratização da mídia.

A informação não precisa mais ser entregue do produtor credenciado para um consumidor passivo.

Eu, você e qualquer um passamos a ter o poder de produzir e publicar informação. Esta grande inovação rendeu a estes rapazes 1,65 bilhões de dólares na venda da empresa para o Google em outubro de 2006. Hoje, em apenas um mês, carrega-se no YouTube uma quantidade maior de informação em vídeos do que tudo o que já foi produzido nos últimos sessenta anos pelas três maiores redes de televisão americanas. [9]

Claro que, como todas as inovações, esta vem com seu pacote de vantagens e de desvantagens. Vantagens porque a informação hoje chega muito rápido a todos nós, já que um exército de "repórteres" está espalhado pela face da terra pronto para documentar um grande acontecimento. Desvantagens porque estes "repórteres" não são profissionais e, portanto, nós – a audiência – precisamos peneirar vídeos bons entre centenas de outros, de péssima qualidade.

Outro grande inovador foi Jimmy Wales, ao criar sua Wikipédia, uma enciclopédia colaborativamente editada e multilíngue que não pertence a ninguém, mas seus colaboradores são milhões de entusiastas. Voluntários de todo o mundo escrevem de forma colaborativa 30 milhões de artigos, que se incluem nos mais de 4,7 milhões de artigos na versão em inglês da Wikipédia.

Veja porque ela acabou assassinando a boa e velha Enciclopédia Britânica neste quadro comparativo:

• Grupo de especialistas credenciados contratados para criar artigos. • Incentivo: financeiro. • 80 mil artigos em inglês. • Sistema baseia-se na centralização. • Artigos só são corrigidos numa próxima edição. • Não melhora a qualidade dos artigos existentes. • Era uma lista supervisionada da erudição convencional.	• Dezenas de milhares de pessoas, especialistas e amadores, colaborando voluntariamente. • Incentivo: novas moedas de troca como reputação ou exposição. • 4,7 milhões de artigos em inglês e versões em 287 outras línguas. • Sistema baseado na descentralização e auto-organização. • A enciclopedia é viva. Os textos são corrigidos ou adicionados em tempo real. • Possui característica autorreparadora, curando-se organicamente. Sistema biológico que evolui. • É tão boa e mais extensa (com links) que a Britânica.

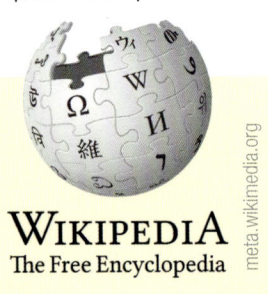

Num artigo do jornal *The New Republic*, o economista Tyler Cowen comentou: "Se eu tivesse que adivinhar o que seria mais verídico, entre a Wikipédia ou um artigo de economia de um jornal, eu optaria pela Wikipédia, sem pestanejar." [10]

Esta nova internet pode ser entendida hoje como uma rede entrelaçada de tecnologias revolucionárias. Ela é a plataforma mais potente que já existiu até hoje para facilitar e acelerar inovações criativas. Pode-se até dizer que ela se transformou num grande computador onde qualquer pessoa pode desenvolver *softwares*, para uso de todos. Isto fornece as condições perfeitas para que gente de qualquer parte do planeta possa criar, colaborar, compartilhar e participar. Isso cria também as condições para que novos comportamentos se alastrem de maneira viral.

O conceito de *web* colaborativa começou a engatinhar com o lançamento do Linux, em novembro de 1991, por Linux Torvalds e, posteriormente, desenvolveu-se com o lançamento das bases *open source* que mudaram definitivamente a mentalidade dos usuários.

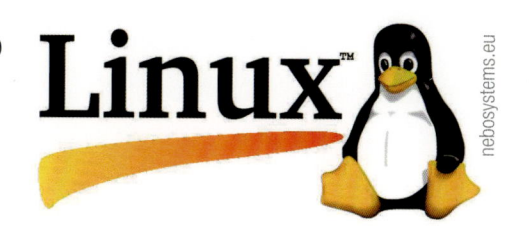

O jeito *open source* de trabalhar se baseia em alguns princípios:

1- Troca aberta. Podemos aprender mais uns com os outros quando a informação é aberta. A livre troca de ideias é fundamental para criar um ambiente de aprendizado.

2- Participação. Quando estamos livres para colaborar, conseguimos criar. Temos o poder de resolver problemas que ninguém sozinho é capaz de solucionar.

3- Comunidade. Comunidades são formadas em torno de um propósito comum. Elas reúnem diversas ideias e dividem o trabalho. Em conjunto, uma comunidade global consegue criar muito além das capacidades de qualquer indivíduo: ela multiplica os esforços e compartilha o trabalho.

4- Meritocracia. As melhores ideias são as que vencem. Trabalhos de sucesso determinam qual é o projeto que se mantém e que reunirá os esforços da comunidade. [11]

Veja o incrível crescimento do Tripadvisor nos últimos anos.

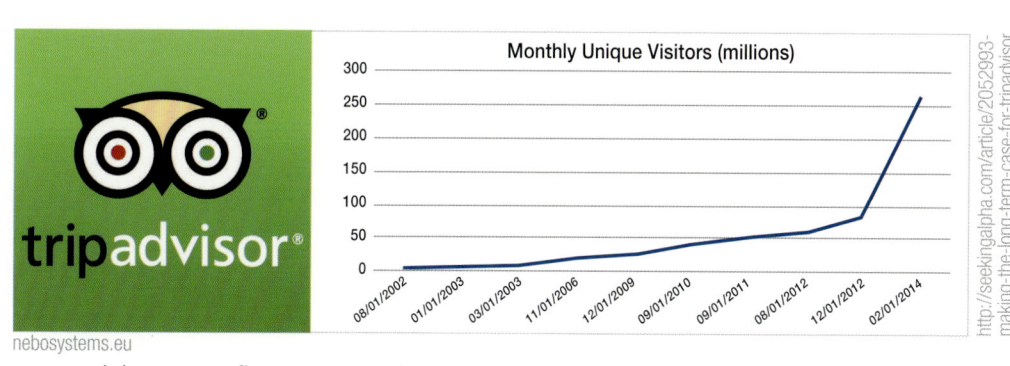

O site se baseia no conceito de que os viajantes confiam nas opiniões de outros viajantes para planejar suas viagens. Atualmente o TripAdvisor contém 190 milhões de comentários e opiniões sobre viagens escritos por mais 60 milhões de usuários registrados e raqueia quase 5 milhões de propriedades, entre hotéis, atrações e locações em mais de 145 mil destinos pelo mundo. [12] Foi um dos pioneiros a adotar o modelo "conteúdo gerado pelo usuário" e é este conteúdo, opiniões e comentários, que é consultado pelas pessoas interessadas em hotéis, passagens aéreas, aluguel de carros ou destinos de férias. Já tornou-se a primeiro escala para muitos viajantes, que antes só programavam suas férias com a ajuda de um agente de viagens. Hoje, os hotéis no mundo todo exibem orgulhosamente o selo de aprovação do Tripadvisor em suas fachadas, porque sabem que o selo traz confiança para seus hóspedes. É uma marca de sucesso!

Diretas Já – 1984 – catracalivre.com.br

Este tsunami global tem tanta potência porque já se tornou o habitat natural da nova geração.

O conceito da colaboração não surgiu com a internet. No passado a colaboração era feita em pequena escala, entre amigos, família e comunidades. A colaboração entre as pessoas acontecia também no local de trabalho. Em raríssimas exceções a vimos ocorrer em larga escala no Brasil, como no movimento "Diretas Já" de 1983-1984, que reivindicava eleições diretas para presidente.

Hoje, com a internet e as ferramentas oferecidas pelas tecnologias contemporâneas, abriu-se a possibilidade para qualquer um colaborar, criar valor e participar desta nova economia. Milhões de pessoas já se organizam e produzem serviços e trabalhos jamais imaginados e participam de inovações e criação de valor em diversas áreas.

http://veja.abril.com.br/noticia/educacao/enem-protestos-historicos-no-brasil-diretas-ja-impeachment-de-collor-e-atuais-manifestacoes

A era de colaboração de massa mudou a forma com que muitas empresas e sociedades lidam com a inovação e sua capacidade de criar valor.

A Wikipédia se tornou hoje um dos sites mais visitados do planeta, mas não é apenas o volume de informação que contém e sua popularidade que faz com que seja tão singular. Milhares de usuários contribuem com seu tempo e conhecimento voluntariamente para ajudar a atingir os objetivos desta comunidade – oferecer a todas as pessoas do mundo uma enciclopédia de qualidade em suas línguas nativas.

"Imagine um mundo onde a cada pessoa do planeta é dado acesso grátis à somatória de todo o conhecimento humano", diz Jimmy Wales.

Segundo ele, a Wikipédia funciona num "Processo Evolucionário Darwiniano", onde o conteúdo é vivo e se aperfeiçoa cada vez que passa pelas alterações e edições feitas pelos usuários. Cada artigo da Wikipédia é editado em média 20 vezes e, apesar do alto número de usuários, Wales estima que mais de 50% das edições sejam feitas por menos de 1% dos usuários, sinal de que dentro do caos há um pequeno grupo de usuários regulares bastante comprometidos. [13]

Para aqueles que se perguntam qual seria a razão que leva pessoas a se voluntariarem a escrever artigos, Jimmy Wales responde: "Por que alguém joga futebol? É divertido, é uma atividade social."

Veja o exemplo da colaboradora Elf, uma treinadora de cachorros profissional que, nas horas vagas, gasta "tempo demais" (segundo ela própria) editando os milhares de artigos sobre raças de cães publicados por outros "wikipedianos". Nem preciso dizer que a Elf é uma fanática por cachorros, não é?

O canadense Don Tapscott é uma das maiores autoridades mundiais em inovação, meios de comunicação e no impacto sócio-econômico da tecnologia e acredita que a colaboração, em lugar da centralização, será o futuro em mais de doze áreas da sociedade: de finanças a saúde, de ciências à educação, dos meios de comunicação ao meio ambiente. A inovação colaborativa deverá se transformar na grande revolução desta década ■

Uma revolução silenciosa está acontecendo em direção à inovação colaborativa.

Ciência colaborativa

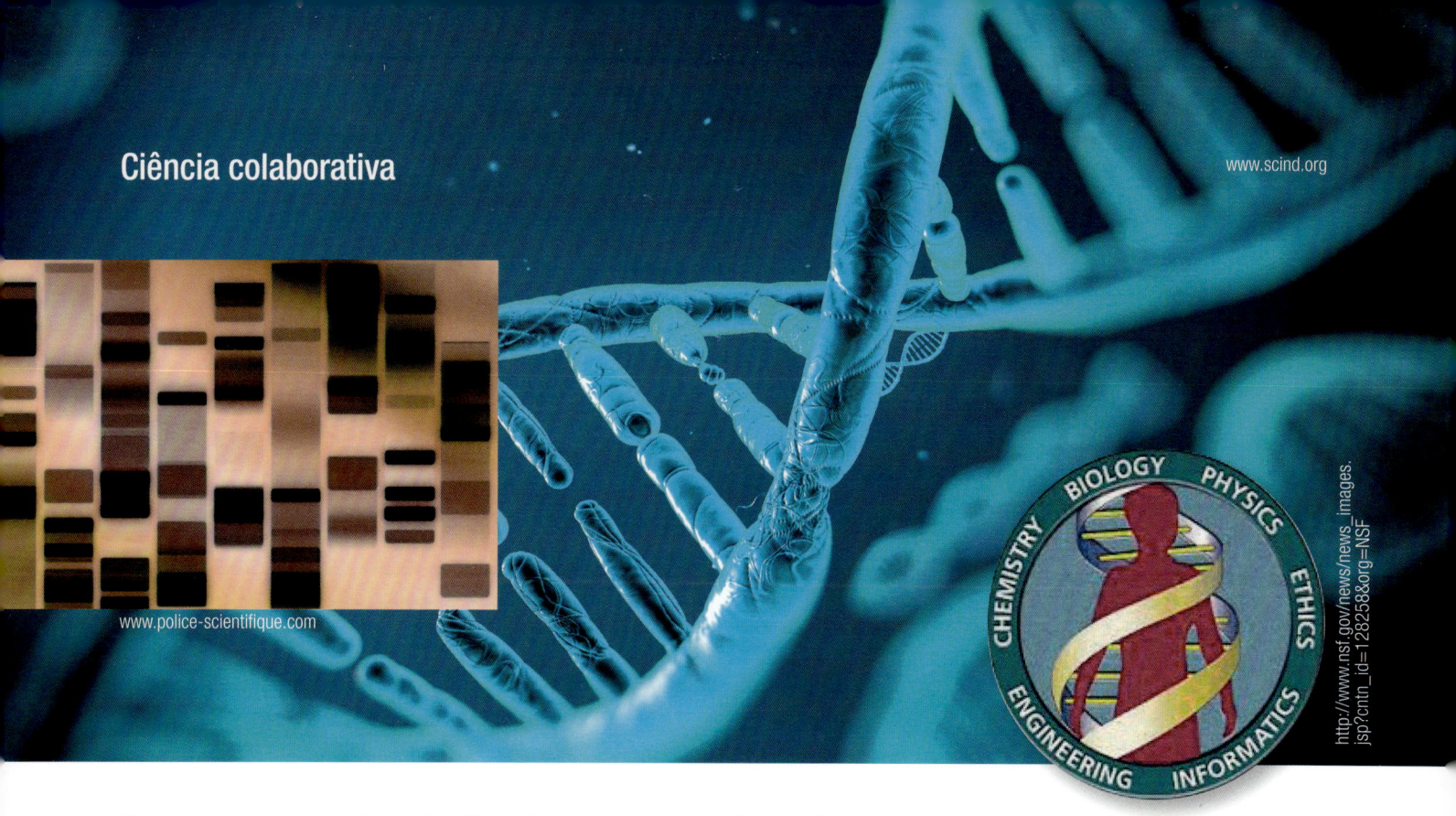

www.scind.org

www.police-scientifique.com

http://www.nsf.gov/news/news_images.jsp?cntn_id=128258&org=NSF

Uma das maiores conquistas científicas de nossos tempos, o Projeto Genoma Humano, só foi possível graças às ferramentas de colaboração digital em massa de que dispomos hoje.

O programa, iniciado em 1987 e apresentado ao público em 2003, foi um projeto internacional de pesquisa científica cujo objetivo era determinar a sequência de pares de bases químicas que compõem o DNA humano e de identificar e mapear todos os genes do genoma humano.

Os cientistas sempre suspeitaram que nossos genes determinam nossa aparência, inteligência e comportamento. Mas hoje, conhecendo o sequenciamento do genoma e aprendendo como operar e programar este microscópico espiral, a ciência poderá encontrar, entre tantas aplicações, o segredo da cura de doenças consideradas incuráveis como câncer, diabetes e Alzheimer.

Para que o projeto pudesse ser viável, uma sensacional mudança de comportamento aconteceu no mundo corporativo: um número considerável de *players* da indústria farmacêutica decidiu abandonar seu projeto genoma humano particular e partir para o projeto colaborativo. Como resultado, enxergaram a possibilidade de um corte nos custos, uma aceleração na inovação, criação de valor para os acionistas e a vantagem para a sociedade de poder receber os benefícios do projeto num prazo muito menor.

O Projeto Genoma Humano continua sendo o maior projeto biológico colaborativo de todos os tempos.

Em 2014, inúmeras empresas já realizavam testes de DNA para qualquer pessoa, com custos variando entre 300 a 3 500 dólares, dependendo da profundidade pretendida. No Brasil, a Dna123 oferece kits para você coletar sozinho, em sua casa, a amostra para o teste de DNA. Depois, a empresa envia para sua casa o resultado. É claro que estes custos irão diminuir significativamente no futuro próximo.

O próximo desafio da ciência é o Human Brain Project, projeto colaborativo que está sendo desenvolvido na Europa. Lançado oficialmente em 2013, na Suíça, ele concentra a colaboração de mais de 80 instituições parceiras. Seu objetivo é reunir todo o conhecimento existente sobre o cérebro humano e reconstruir este órgão, pedaço por pedaço, em modelos e simuladores baseados em supercomputadores. Os modelos oferecem a perspectiva de uma nova compreensão do cérebro humano e suas doenças.

"Compreender o cérebro humano é um dos maiores desafios enfrentados pela ciência no século XXI. Se conseguirmos enfrentar o desafio, podemos obter profundos *insights* sobre o que nos torna humanos, desenvolver novos tratamentos para doenças do cérebro e construir novas tecnologias de computação revolucionárias." O projeto já havia recebido 1,3 bilhões de dólares em fundos para pesquisa até fevereiro de 2013.

"Hoje, a convergência entre a biologia e as tecnologias de informação e comunicação chegou a um ponto em que o objetivo de compreender o cérebro humano pode virar realidade. É essa percepção que motiva o Projeto Cérebro Humano" – uma iniciativa emblemática da União Européia em que mais de 80 parceiros vão trabalhar juntos para realizar uma nova visão acelerada pela tecnologia para pesquisas sobre o cérebro e suas aplicações. – do site do projeto.

Nem é necessário citar que nada disto poderia sequer ser imaginado caso não estivéssemos vivendo nestes tempos das redes entrelaçadas da nova internet ∎

A iniciativa America BRAIN

Se a União Europeia lançou seu projeto colaborativo que se tornará o *flagship* da Europa, os Estados Unidos não poderiam ficar para trás... Em abril de 2013, o governo americano anunciou a liberação de uma verba para financiar seu projeto BRAIN – também um acrônimo para "Pesquisa do Cérebro por Avanços Neurotecnológicos Inovadores". Esta iniciativa é uma proposta de pesquisa colaborativa, anunciada pela administração Obama, com o objetivo de "mapear a atividade de cada neurônio." [14]

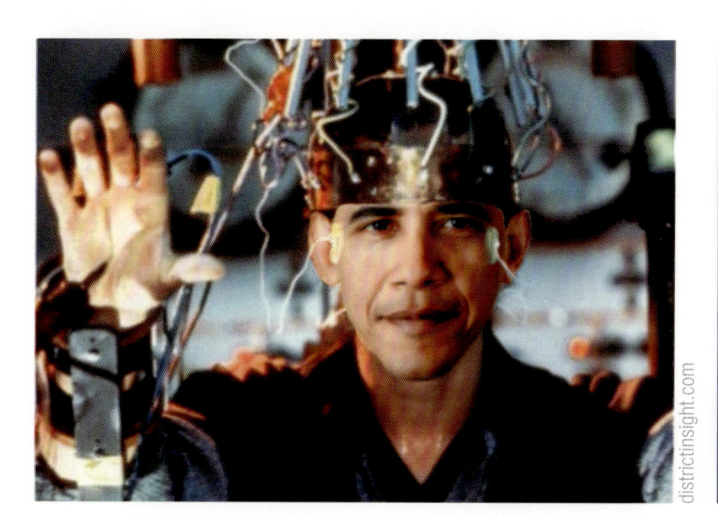

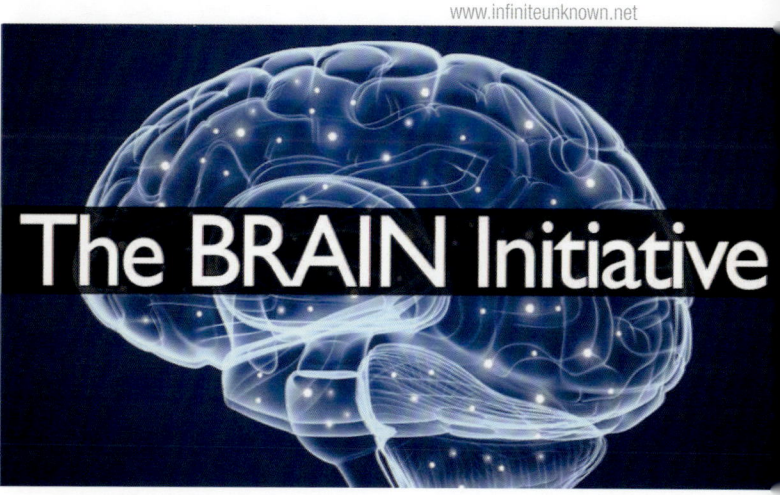

A iniciativa é público-privada, com fundos de grupos como o Instituto Médico Howard Hughes e do projeto de mapeamento do cérebro de Paul Allen, cofundador da Microsoft.
Parecia lógico e natural que estes dois projetos controversos e ambiciosos juntassem suas forças e trabalhassem em colaboração mútua.

E é isto o que aconteceu no segundo semestre de 2014, de acordo com os representantes dos governos envolvidos. Um projeto de colaboração entre o HBP (Human Brain Project) europeu, com fundos de 1,3 bilhões de dólares, e o projeto BRAIN americano, que já conta com um financiamento de 1 bilhão de dólares, deverá ser apresentada em breve.
Sean Hill, um dos muitos cientistas envolvidos no projeto, diz que as iniciativas dos Estados Unidos e da União Europeia têm missões complementares: enquanto o empreedimento europeu visa criar ferramentas para a captura de imagem e controle da atividade do cérebro, o americano quer criar um modelo computacional de trabalho do cérebro como um todo.
Este promete ser o maior desafio científico da década ■

A vida colaborativa

Você já se perguntou porque uma inovação tão sensacional como o GPS para automóveis, lançado no Brasil com as marcas TomTom, Garmim, Navigon e outras, fez tamanho sucesso, mas durou tão pouco tempo? A resposta é Waze.

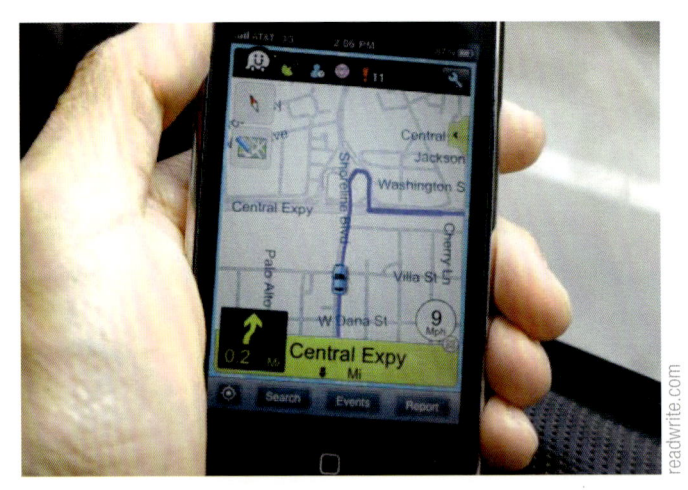

Provavelmente, você já usa o Waze para levá-lo onde quer ir. Mas talvez não tenha se dado conta das razões que o tornaram tão superior a seus predecessores em tão pouco tempo. Em primeiro lugar, porque é um aplicativo grátis. E é difícil superar o preço do "grátis", não é? Mas a questão mais importante é que ele é alimentado pelas pessoas que colaboram com a qualidade da experiência minuto a minuto. Seja para informar que o trânsito está travado ou que há um conserto em andamento na rua, os *wazers* colaboram uns com os outros fornecendo informações preciosas durante seu itinerário.

O que faz dele uma ferramenta muito superior a um GPS comum é que o Waze é um aplicativo colaborativo em tempo real. E é divertido de usar!

"Junte-se a outros motoristas em sua área e compartilhe informações de trânsito das ruas, economizando diariamente tempo e dinheiro de combustível.
Nada supera o trabalho de pessoas em conjunto! Imagine milhões de motoristas trabalhando juntos para um objetivo comum: escapar do trânsito e fazer com que todos peguem a melhor rota, para ir e voltar do trabalho, todos os dias."
Não é de surpreender que o Waze tenha ganho o prêmio de Melhor Aplicativo no *Mobile World Congress* de 2013. [15]

Também não é de surpreender que, ainda em 2013, o Google tenha comprado o Waze por 1,3 bilhões de dólares.

1,3 bilhões de dólares! UAU!

Resumindo: a grande "sacada" de seus criadores israelenses, Uri Levine, Ehud Shabtai e Amir Shinar foi acrescentar o compartillhamento de informações em tempo real com a formação de uma comunidade ao negócio de mapeamento. O Waze já tinha 50 milhões de usuários em todo mundo no início de 2014, 10% dos usuários no Brasil!
Julie Mosler, diretora de comunicação do Waze, explica esse sucesso:
"As pessoas são fundamentalmente boas; querem ajudar outras ao seu redor. Sua motivação pode ser auxiliar outros motoristas ou apenas reduzir o seu próprio tempo no carro. O tráfego é um problema universal que diminui de forma exponencial para quem usa o Waze. Muitos dos nossos motoristas corrigem e aperfeiçoam o mapa porque o Waze é o 'seu' mapa – eles não têm uma alternativa precisa em seu bairro e querem ajudar a construí-la para criar o melhor mapa possível." (16)

A prefeitura do Rio de Janeiro já usa o Waze desde 2013. Os alertas em tempo real do aplicativo são combinados com as 900 câmeras do seu COR (Centro de Operações Rio) para acompanhar o trânsito da cidade.

"Recentemente começamos a testar os alertas dos *wazers* (usuários do Waze) para identificar em tempo real engarrafamentos, retenções e acidentes", explica Pedro Junqueira, chefe executivo do Centro. "E também passamos a fornecer ao Waze dados para alimentar o aplicativo."
"Quando há um alerta de engarrafamento ou acidente no Waze, podemos acionar a câmera mais próxima e avaliar a situação." A iniciativa de uso do Waze é a primeira de um projeto chamado Rio Colaborativo ■ (17)

3 *Crowdsourcing*

Você já deve ter ouvido este termo por aí. *Crowdsourcing* é a prática de obter serviços, ideias ou conteúdos solicitando contribuições de um grande grupo de pessoas. Estas pessoas fazem parte, normalmente, de uma comunidade *on-line* e alguém utiliza esta comunidade no lugar de empregados ou fornecedores tradicionais. Este termo nasceu de uma junção da palavra *crowd* – multidão – e *outsourcing* – terceirização. Eu prefiro traduzi-lo como "aproveitamento da inteligência das multidões para a obtenção de conteúdo." [18]

A expressão foi cunhada em 2006 pelos editores da revista americana *Wired*, Jeff Howe e Mark Robinson (Howe hoje publica o *blog* crowdsourcing.com).
Em 2008, o jornalista e escritor Daren C. Brabham definiu *crowdsourcing* como um "modelo distribuído, de produção e resolução de problemas on-line."
Há uma série de motivações para as empresas usarem a inteligência coletiva: coletar informações, resolver problemas ou executar projetos.

O *crowdsourcing* lhes permite que proponham problemas para que pessoas interessadas trabalhem em assuntos como ciência, indústria, biotecnologia e medicina com recompensas monetárias (por exemplo) para as soluções bem-sucedidas. Assim, há a possibilidade de alcançar melhores resultados e acessar uma gama muito maior de talentos do que aqueles disponíveis dentro da organização. [19]

Conheça o jovem empreendedor guatemalteco, nascido em 1979, Luis von Ahn, ph.D. em Ciência da Computação na Universidade Carnegie Mellon, nos Estados Unidos. Ele é conhecido como um dos pioneiros do *crowdsourcing* no mundo. Foi o fundador da empresa CAPTCHA e, posteriormente, da reCAPTCHA, ambas vendidas para o Google. Como professor, sua pesquisa inclui CAPTCHAs e computação humana e já lhe rendeu reconhecimento mundial e inúmeros prêmios.

CAPTCHA? reCAPTCHA? O que é isto?

Esta imagem que você vê ao lado é um CAPTCHA (*Completely Automated Public Turing tests to tell Computers and Humans Apart*) ("Teste de Turing Completamente Automatizado para Diferenciar Computadores de Humanos").

Você já deve ter se deparado com imagens como essa quando algum site lhe pede para digitar algumas letras difíceis de ler para permitir sua entrada. Pois é, você lê mas o computador não consegue entender estas letras. CAPTCHAs são projetados para permitir que seres humanos possam entrar num ambiente e, ao mesmo tempo, impedir que programas maliciosos se aproveitem e obtenham milhões de contas de e-mail para spam.

Luis Von Ahn recebeu uma bolada quando vendeu seu projeto para o Google. Mas não ficou satisfeito: ficou imaginando como poderia utilizar este trabalho – milhões de pessoas digitando letras – para algum outro objetivo maior, que ajudasse de alguma forma a humanidade. Como "fazer a diferença"? Foi então que inventou o reCAPTCHA. Mais evoluído que o CAPTCHA, o reCAPTCHA também ajuda a digitalizar livros! Em reCAPTCHA, as imagens de palavras exibidas para o usuário vêm diretamente de livros antigos que estão sendo digitalizados pelo mundo; são palavras que o computador não conseguiu reconhecer opticamente. Muitas vezes a tinta está desgastada, manchada ou as palavras estão na lombada do livro e, quando fotografadas, se tornam ilegíveis. Estas palavras são, então, enviadas a pessoas em todo o mundo, pela internet, para serem compreendidas e digitadas. O reCAPTCHA está atualmente em uso por mais de cem mil sites e são transcritas mais de 40 milhões de palavras por dia.

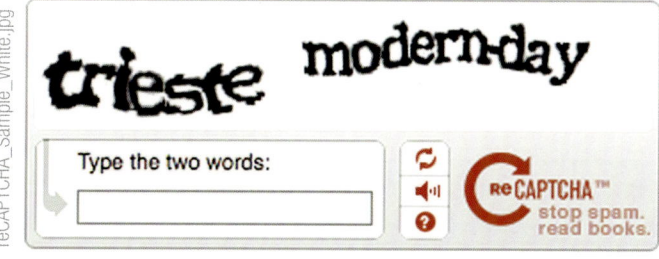

Não se aborreça mais quando um site ou serviço de e-mail lhe pedir para digitar uma palavra difícil de ler.

Você deve estar ajudando a digitalizar bibliotecas em todo o mundo!

63

Hoje, Luis von Ahn já trabalha num novo projeto, baseado em sua crença de que o aprendizado de línguas é um dos elementos necessários para que as pessoas possam mudar de vida e ser mais bem-sucedidas. Trata-se do Duolingo, iniciado com 18 milhões de dólares de patrocinadores como Union Square Ventures, New Enterprise Associates, Tim Ferriss e Ashton Kutcher.

O Duolingo oferece aulas grátis pelo celular ou pelo site, em diversos idiomas, para mais de 5 milhões de usuários (von Ahn está aprendendo Português).

"Quando você estuda uma língua, alguns exercícios são traduções", diz von Ahn, e aí eu pensei: "Por que não usamos as pessoas que estão aprendendo uma língua conosco para traduzir para nós?" De acordo com von Ahn, a qualidade das traduções da Duolingo é a mesma que se obtém de um serviço de tradução profissional. É o mesmo princípio da produção colaborativa da Wikipédia.

A ideia é inovadora porque, para ensinar línguas, o Duolingo não cobra um centavo dos alunos. Em vez disso, emprega um modelo de negócio do tipo *crowdsource*, em que o público é convidado a traduzir o conteúdo e votar nas traduções. O conteúdo e o lucro vêm de organizações que pagam o Duolingo para traduzi-lo. Em outubro de 2013, a empresa anunciou ter feito acordo com a rede de TV CNN e o site BuzzFeed para traduzir artigos para seus sites internacionais.

Em fevereiro de 2014, o Duolingo já contava com **100 milhões** de usuários inscritos e **15 milhões** de usuários ativos. Um número **85 milhões** acima do registrado no final de 2013. Em outras palavras: há mais pessoas aprendendo uma língua com o Duolingo do que aquelas que estão matriculadas no sistema de ensino público dos EUA.

Dados impressionantes, não?

Parte desse crescimento pode ser atribuído ao fato da Apple ter escolhido o Duolingo como seu o *"iPhone App of the year"* de 2013

As artes

A partir de von Ahn, comentava-se sobre o grande potencial de negócios para quem utilizasse a inteligência das multidões. Foi criado o Mturk (Mechanical Turk) – da Amazon, um sistema para usar o poder do intelecto humano distribuído. Destinado ao uso corporativo, o Mturk é baseado na noção de que determinadas tarefas são simples para as pessoas, mas difíceis para os computadores.

"Complete estas simples tarefas e seja pago por isto",

explica o site. "Escolha entre milhares de tarefas e decida quanto você ganha." Esse formato de empresa digital, tipicamente implementado por corporações, tende a gerar resultados altamente organizados e eficientes com o propósito de um faturamento específico.

Mas Aaron Koblin, um artista americano nascido em 1982, teve uma ideia original para utilizar o MTurk. "Fiquei imediatamente intrigado com o conceito de utilização de milhares de cérebros ociosos e há tempos me impressiono com projetos que usam o tempo ocioso de PCs para resolver problemas grandes demais para uma única máquina.
Este conceito, porém, era diferente: não se tratava de espaços ociosos, mas sim de pessoas! Eu queria visualizar isto e pensar sobre este tipo de sistema que, inevitavelmente, iria se tornar mais comum."

Koblin teve um *insight* e enxergou na própria ferramenta, um instrumento para se expressar contra ela mesma.

Tornava-se claro, então, para ele, que "podia comandar as ações de milhares de pessoas para fazer praticamente qualquer coisa com o *Mechanical Turk*", e assim nascia seu projeto Sheep Market.

O Sheep Market é uma obra de arte baseada na internet que utiliza o sistema Mturk para envolver milhares de trabalhadores na criação de uma imensa base de dados de desenhos.

A partir de uma simples solicitação, submetida ao sistema MTurk, "trabalhadores" criam sua versão de "uma ovelha olhando para a esquerda", utilizando ferramentas básicas de desenho. O artista responsável pelo desenho recebe dois centavos de dólar como pagamento pelo trabalho. A tecnologia e sistema específico implementado pelo Mechanical Turk é novo, mas o modelo do trabalho humano sistematizado e burocratizado vem se tornando rapidamente ultrapassado. Discussões sobre as ramificações culturais e políticas de tais sistemas iniciaram-se na era de Marx, Engels e outros socialistas.

A inspiração para o projeto Sheep Market decorre do desejo de lançar uma luz sobre o papel da criatividade humana expressa por parte dos "trabalhadores" no sistema, ao mesmo tempo que explicitamente chama a atenção para o papel enorme e insignificante que cada um desempenha como parte do todo. [20]

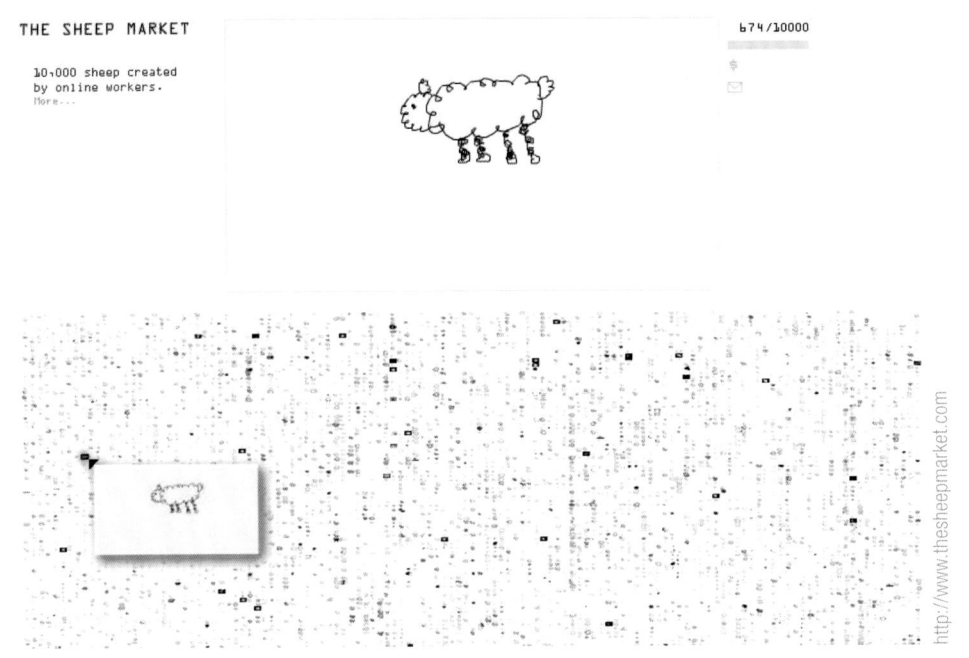

Por que Koblin escolheu a ovelha?

① A ovelha desempenhou um papel muito importante no desenvolvimento da civilização. Foi um dos primeiros animais a ser domesticados e ser utilizados para trabalho e consumo e continua a manter um papel de relevância ao longo da evolução social.

"Através da análise do papel da ovelha dentro da cultura e da indústria pode-se contextualizar e explorar os fatos e histórias centrais no tema do Sheep Market."

② Desde o Velho Testamento, há inúmeras citações de ovelhas e seus pastores na Bíblia. Desde o Rei David a Moisés e Abraão, pastores são citados como heróis. A metáfora do "bom pastor" estende-se pela igreja católica apostólica romana e pela igreja anglicana, onde bispos adornam sua insígnia com pastores e Jesus é muitas vezes referido diretamente como o "bom pastor".

③ A ovelha Dolly. Em 5 de julho de 1996 Dolly foi apresentada ao mundo, criada por um processo conhecido como transferência nuclear de células somáticas, ou clonagem. Dolly viveu pouco, mas foi considerada o primeiro clone de mamífero bem-sucedido. Com sua presença, uma série de perguntas e ansiedades surgiram na sociedade relacionadas à segurança e a questões morais que resultariam da trajetória da ciência da clonagem. Dolly se transformou num ícone simbólico da possível manipulação genética da ciência sobre a modificação dos seres humanos.

④ O livro *O Pequeno Príncipe*, de Antoine de Saint-Exupéry, publicado originalmente em 1943, é uma peça de ficção que sutilmente incorpora imagens de ovelhas como um ponto crucial na narrativa. A obra discute percepção, criatividade e propósito. Na história, o narrador se depara com um príncipe no meio de um deserto e é convidado a desenhar um carneiro. O narrador faz algumas tentativas, todas rejeitadas pelo príncipe. Finalmente, desenha uma caixa com furos e explica que a ovelha está dentro da caixa e então o pequeno príncipe fica satisfeito.
Além destas questões emocionais, Koblin explica seu projeto analisando o papel da ovelha no comércio e indústria das nações, mencionando a revolução na agricultura inglesa do século XVIII, dissertando sobre a lã na revolução industrial e assim por diante. Cá para mim, fico a imaginar se Koblin gostaria também de demonstrar como pessoas se comportam como ovelhas num grande rebanho. Recebem um pedido e o fazem, por dois centavos de dólar.

De qualquer forma, seu projeto, denso e ambicioso, jamais teria chegado aonde chegou, não fossem as ferramentas colaborativas que teve à sua disposição para contar com a ajuda de mais de 10 mil pessoas ∎

A indústria farmacêutica

Em 2007, a Novartis, multinacional baseada na Suíça, tomou uma atitude até então inimaginável no altamente competitivo mundo das indústrias farmacêuticas. Depois de investir durante três anos uma verdadeira fortuna numa pesquisa para desmembrar o código genético de diabetes tipo 2, doença comum que apresenta um dos maiores desafios da saúde pública à indústria farmacêutica, e que oferece potencialmente uma imensa recompensa à empresa que conseguir finalizar a pesquisa, decidiu abrir seus dados na internet.

Teria a Novartis enlouquecido?

Todas as suas informações passavam a estar disponíveis a qualquer um, inclusive a seus concorrentes. Por que esta decisão?

"Para transformar este sequenciamento de genes em novos medicamentos, será necessário um esforço global", diz Mark Fishman, presidente da Novartis Institute for BioMedical Research. Ao colocar seus dados brutos à disposição de qualquer um, a Novartis espera aproveitar talentos e *insights* de uma comunidade global de pesquisadores que trabalham em lugares muito além dos limites dos seus laboratórios. "A empresa pretende se beneficiar não através do acúmulo de pesquisas protegidas por um muro de patentes, mas abrindo seus dados brutos para o olhar do mundo e convidando milhares de pesquisadores de fora a participarem de uma busca global por soluções ∎" [21]

Nunca haverá dentro da organização tantos talentos quanto se pode acessar fora dela.

A indústria de bens de consumo

A sabedoria tradicional nos diz que as corporações devem procurar os melhores talentos do mercado e, então, contratá-los a qualquer preço para vencer a corrida pela maior participação de mercado, pela melhor margem, pelo maior lucro.

Mas algumas organizações já entenderam que, por mais que contratem ótimos profissionais e pesquisadores, jamais terão acesso aos melhores talentos do mundo, que estão disponíveis a um clique de distância.

Alan G. Lafley, presidente do conselho e CEO da Procter & Gamble, recebeu em 2010 o Prêmio Edison, em reconhecimento à sua contribuição para a inovação, marketing e design centrados no ser humano. Sob sua liderança desde 2000, a P&G mais que duplicou suas vendas e seu lucro por ação cresceu 12%. Além disso, segundo a *Forbes*, durante seu mandato, o valor de mercado da P&G mais que dobrou, tornando-a uma das cinco empresas mais valiosas dos Estados Unidos e uma das dez mais valiosas do mundo. [22]

Lafley é o responsável por ter transformado a P&G numa empresa focada no consumidor e cultivado uma cultura muito mais aberta e colaborativa, curiosa e corajosa, conectada e diversificada, em que a inovação é trabalho de todos. [23]

No passado, esta gigante do setor de produtos de consumo sempre se orgulhou das mais de 30 mil patentes que possuía. Nos anos 1990, Lafley encomendou uma pesquisa interna e acabou por descobrir que a corporação que comandava gastava 1,5 bilhões em pesquisa e desenvolvimento de produtos, gerava uma tremenda quantidade de patentes, porém, na prática, utilizava menos de 10% destas na produção de seus produtos!
Que desperdício, não?

À luz destes números, o presidente decidiu provocar uma verdadeira mudança de filosofia da *holding* e liderou uma transformação radical de estratégia em direção à abertura de inovação e patentes. E fez isto em ambas as direções: colocando no mercado suas patentes a venda e buscando no mercado inovações e patentes que interessassem à P&G. Assim, abria-se uma promessa de expansão de oportunidades com um benefício adicional: redução nos custos e um potencial aumento no faturamento.

Hoje, mais de 35% das inovações da P&G vem de fora da empresa e ela está longe de ser uma exceção: a IBM e Eli Lilly, entre outras, seguiram seu caminho e aprimoraram esta forma de inovação colaborativa, procurando novas fontes fora de seus limites corporativos. A P&G utiliza a InnoCentive para propor seus desafios ao mundo via *crowdsourcing*. Segundo a própria organização se define, "a InnoCentive é a líder mundial em *crowdsourcing* de problemas de inovação para as pessoas mais inteligentes do mundo, que competem para fornecer ideias e soluções para negócios importantes e desafios sociais, políticos, científicos e técnicos."

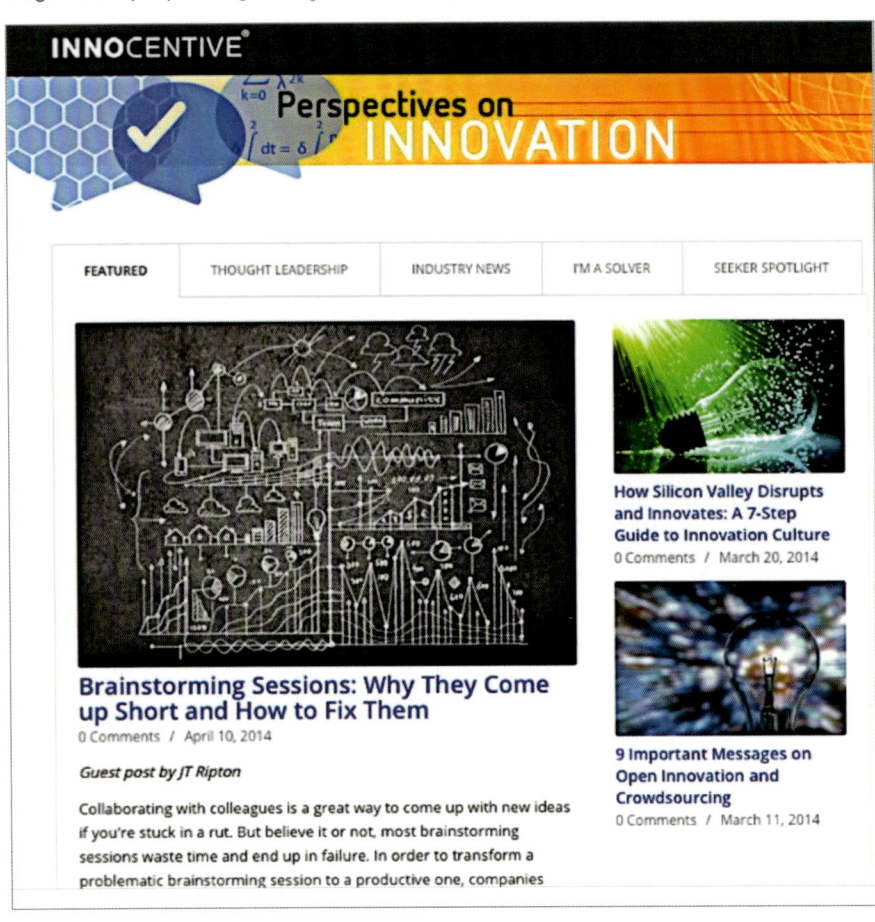

"Por mais de uma década, organizações de ponta como Air Force Research Labs, Booz Allen Hamilton, Eli Lilly & Company, NASA, Procter & Gamble, Scientific American, Syngenta, The Economist, Thomson Reuters e várias agências do governo americano e da Europa têm parceria com a InnoCentive para gerar rapidamente ideias inovadoras e resolver problemas mais agilmente, com mais rentabilidade e menor risco." [24]

A InnoCentive tem causado um profundo impacto desde 2001.
Dê uma olhada nestes números (atualizados em 13 de fevereiro de 2015):

"Solucionadores" registrados: mais de **355 mil**, de quase **200** países

Desafios publicados: mais de **1.650** desafios externos e milhares de desafios internos

Projetos abertos até hoje: mais de **50 mil**

Total de soluções propostas: mais de **40 mil**

Total de prêmios dados: mais de **1.500**

Valor total de prêmios concedidos: mais de **40** milhões de dólares

Faixa de premiação: de **5 mil** a mais de **1** milhão de dólares, baseada na complexidade do problema e a natureza do desafio

Taxa de sucesso dos desafios *premium*: **85%**

Impressionante!

Outras marcas também estão inovando usando o *crowdsourcing*.
A Pepsico, por exemplo, lançou uma campanha ("Crie-nos um sabor") de enorme sucesso pedindo aos consumidores que a ajudassem a propor um novo sabor para sua batata frita Lay's. A pessoa vencedora recebeu 1 milhão de dólares. Ao mesmo tempo, empresas como Adidas, Coca-Cola, Nike, Nokia, General Mills, Unilever, McDonald's, Lego e até a NASA estão se aventurando neste universo e obtendo grandes vitórias!

Curiosidade importante: Lafley, aposentado em 2010, foi chamado de volta ao seu posto em 2013 ■

4 *Crowdfunding*

O *crowdfunding* é o financiamento coletivo que sustenta uma iniciativa com um grande grupo de apoiadores. É geralmente criado on-line por meio de uma plataforma *web*. A iniciativa poder se referir a uma campanha para uma organização sem fins lucrativos (como arrecadar fundos para uma escola ou organização de serviço social), uma campanha filantrópica (fundos de emergência para uma catástrofe ou para a produção de um artista emergente) ou uma campanha para a criação de uma *startup*.

Os *inputs* desta multidão influenciam o valor final das ofertas e o resultado do processo como um todo. Cada indivíduo atua como um agente da oferta e seleciona o projeto em que acredita. Como tal, ele irá disseminar as informações sobre o projeto que apoia em suas comunidades on-line, gerando apoios adicionais. A motivação para a participação destes indivíduos nos projetos de *crowdfunding* decorre do sentimento de ser, ao menos parcialmente, responsáveis pelo sucesso das iniciativas, de participarem de uma iniciativa social comunitária e do desejo de obterem um retorno sobre o seu investimento.

Um indivíduo que participa de projetos de *crowdfunding* revela várias características distintas: tem uma orientação inovadora e por isso deseja experimentar novas formas de interagir com empresas e pessoas; identifica-se com o conteúdo, causa ou projeto selecionado para financiamento e a esperança de algum retorno sobre seu trabalho. [25]

O *crowdfunding* vem sendo experimentado como uma ferramenta de financiamento para o trabalho criativo, como blogs e jornalismo, música, cinema independente e para financiar *startups*. Gravadoras do tipo "comunitárias" veem fãs assumirem o papel do investidor tradicional para aqueles artistas em que acreditam, financiando, assim, o processo de gravação ou de um grande espetáculo. [26] [27] [28]

A Trendwatching – empresa especializada em previsão de tendências, presente em mais de **180** países – destaca a enorme quantidade de consumidores ávidos em apoiar, se envolver e financiar produtos e serviços em sua fase de pré-lançamento, alimentando um movimento crescente de *crowdfunding*. Cita que em **2012** as doações e o volume de negócios de financiamento coletivo baseados em resultados cresceu **85%** e chegou a **1,4 bilhão** de dólares. [29]

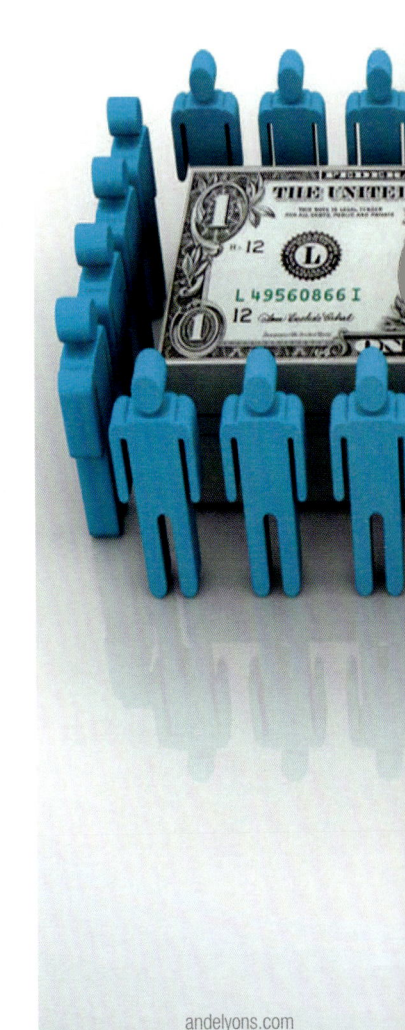

andelyons.com

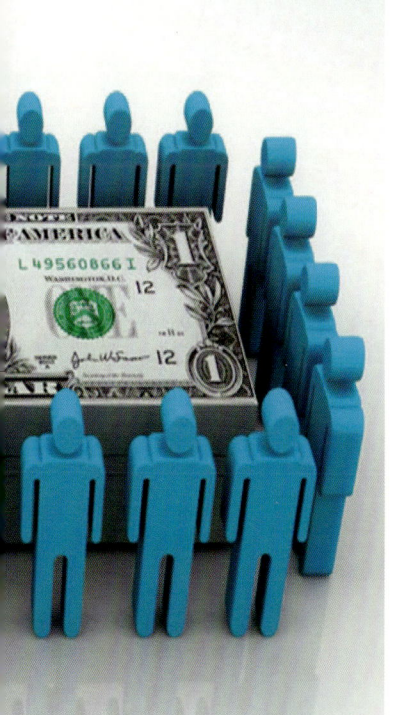

É impossível falar sobre *crowdfunding* sem citar o site Kickstarter.
Kickstarter é a maior plataforma de financiamento coletivo do mundo para projetos criativos, lançada em 2009 por Perry Chen, Yancey Strickler e Charles Adler. Sua missão declarada é "ajudar a dar vida a projetos criativos" [30]

A *startup* gerou 1 bilhão de dólares para financiar 135 mil projetos como filmes, música, shows, histórias em quadrinhos, jornalismo, *games* e projetos relacionados com alimentos. [31]

O *The New York Times* chamou o Kickstarter de a "NEA do povo" – NEA é a Associação Nacional de Educação americana. A revista Time nomeou-o uma das "Melhores Invenções de 2010", além de um dos "Melhores Websites de 2011." [32] [33]

"Somos uma empresa independente, com 107 colaboradores, com sede em Greenpoint, Brooklyn, EUA. Somos uma solução para tudo; de filmes, jogos e música à arte, design e tecnologia. O Kickstarter está lotado de projetos, grandes e pequenos, que se tornaram possíveis através do apoio direto de pessoas como você. Desde o nosso lançamento em 2009, foram financiados mais de 78 mil projetos criativos com fundos equivalentes a 1,5 bilhões de dólares captados de 7,9 milhões de pessoas. Neste momento, milhares de projetos criativos estão captando fundos do Kickstarter." [34]

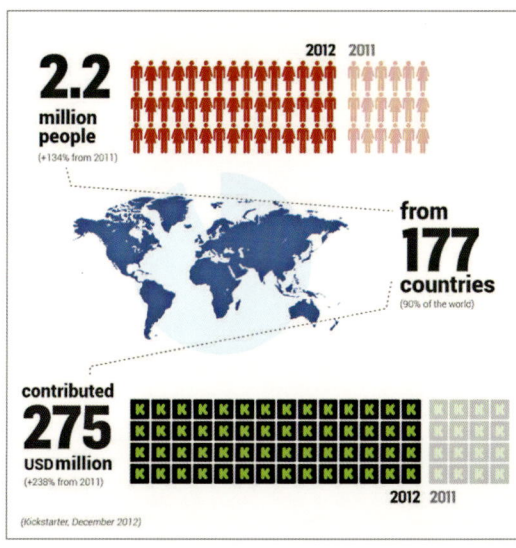

Com a disparada da adoção do *crowdfunding* pelas empresas e diante do incrível sucesso que elas vem atingindo, não há dúvidas que este é um negócio em plena ascensão. Sites de *crowdfunding* conseguiram arrecadar a vertiginosa quantia de 5,1 bilhões de dólares, apenas em 2013.

Quando Perry Chen, Yancey Strickler e Charles Adler lançaram a plataforma pioneira, o Kickstarter, partiram de uma missão visionária: imaginaram capacitar artistas e projetos criativos a reunirem apoios às suas ideias através de sua plataforma.

O maior sucesso de *crowdfunding* até hoje é o Pebble E-Paper Watch, que conseguiu levantar $10.866.845 dólares em apenas 37 dias. Os financiadores correram para ter a chance de ser um dos primeiros possuidores de seu próprio Pebble Watch, um dos primeiros relógios inteligentes a preços acessíveis do mercado. O Pebble conseguiu entregar sua primeira série de relógios inteligentes apenas 10 meses após o término da campanha.

Recentemente, o Kickstarter lançou o Pono Music, que promete ser uma revolução na experiência de ouvir música, permitindo que você sinta a música do próprio máster que o artista gravou, com toda a sua glória. Arrecadou mais de 6 milhões de dólares e foi lançado no quarto trimestre de 2014.

Os projetos de *crowdfunding* tem tido tanto sucesso que a previsão de crescimento deles para 2014 era de 92%. [35] Estes são os maiores negócios em fundos levantados através de *crowdfunding*:

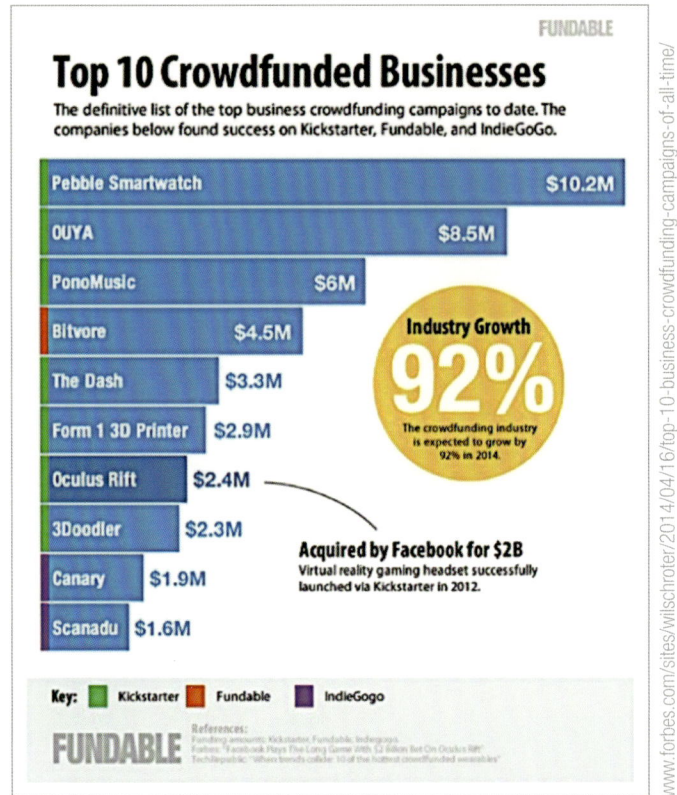

No Brasil, a Catarse é a maior comunidade de financiamento. Apenas em 2014, surgiram ao menos 10 plataformas que promovem este tipo de financiamento coletivo, como o Broota, de Frederico Rizzo e sócio. "Somos uma peça para distribuir recursos de forma eficiente. Não é fácil para uma *startup* levantar dinheiro no Brasil", diz Rizzo. A Broota já levou três ofertas ao ar e conseguiu captar para duas delas o valor total solicitado. A meta é realizar 10 projetos e movimentar ao menos 3 milhões de reais pela plataforma ao ano. [36]

Veja quem são os 10 maiores sites de *crowdfunding*:

Top 10 Crowdfunding Sites

This list is sorted based on independent traffic data found on Alexa & Compete.

UPDATED JUN 11, 2014

Rank	Crowdfunding Site	Compete Rank	US Alexa Rank	Fee	Important to Know...
1	gofundme	946	508	5%	Over $310M raised for personal fundraisers. Processing fee of 2.9% + $0.30 applies.
2	KICKSTARTER	1,217	339	5%	Personal fundraising not allowed. Creative only. Processing fees of between 3-5% apply.
3	indiegogo	2,631	745	9%	Fee is 9%. Only if goal is reached 5% is refunded. 3% processing fee. $25 fee for international wire.
4	YouCaring	3,681	3,100	5%	5% fee is suggested to campaign donors. Processing fee of 2.9% + $0.30 applies.
5	causes	4,308	5,392	4.75%	Allows non profit and charity fundraising. Only the processing fee of 4.75% applies.
6	Giveforward	5,320	5,114	5%	5% fee is charged to campaign creators. Processing fee of 2.9% + $0.50 per transaction applies.
7	crowdrise	9,031	5,292	5%	Free accounts charge 5%, paid accounts are 3%. Processing fee of 2.9% + $0.30 applies.
8	FirstGiving	9,582	15,375	7.5%	Allows non profit and charity fundraising. Processing fee of 2.5% applies.
9	FundRazr	11,329	15,777	5%	Recipients pay 5% fee plus Payment Provider fee of 2.9% + 30c per transaction.
10	Fundly	12,479	7,079	4.9%	Recipients pay platform fee 4.9% + credit card processing fee 3.0%.

www.crowdsourcing.org

O *crowdfunding*, numa ótima definição da Trendwatching, provocou o surgimento de uma espécie de "cérebro global" de criatividade, empreendedorismo e inteligência, formado por milhares de indivíduos e *startups* ao redor do mundo, que se manifesta também no consumo: qualquer pessoa com uma ideia pode produzi-la e apresentá-la aos consumidores, que tem a possibilidade de comprá-la para testá-la antecipadamente.

Assim, surge um novo modelo de consumo, em que os consumidores tratam as plataformas de *crowdfunding* como novos shopping centers. Por quê?

São estas as plataformas onde o consumidor antenado procura os produtos mais inovadores, emocionantes e únicos e é onde este consumidor será melhor atendido do que em qualquer outro lugar, por um exército de empreendedores e *startups*.

Veja o exemplo da Christie Street: lançada em 2012, é uma plataforma de *crowdfunding* focada em produtos, que procura minimizar o risco do investidor sedento por novidades. Criadores que apresentarem uma ideia para o site são auditados para garantir a seriedade e viabilidade da ideia. Além disso, os fundos são liberados em etapas, com a garantia de que os investidores do projeto possam receber ao menos um reembolso parcial, caso o produto financiado não se torne realidade.

Pela primeira vez na história, a diversidade, a criatividade e o grande número de inovações disponíveis na área do consumo podem realmente corresponder às fantasias dos consumidores ■ [37]

5 A economia do compartilhamento

Em meio à enorme onda deste tsunami está surgindo, com grande força, uma nova economia,
com bases diferentes da que conhecemos: a economia do compartilhamento.
Bicicletas compartilhadas surgiram há alguns anos em cidades como Paris, Nova York, Milão, Rio de Janeiro e São Paulo. Você já deve conhecê-las, mas há chances, mas há chances de que não tenha se dado conta da magnitude deste fenômeno global.
A economia do compartilhamento cresce diariamente e seu valor é estimado em centenas de bilhões de dólares.[38]

Seu impacto já é sentido em cidades, empresas e instituições de todos os tipos, que procuram se adaptar às novas oportunidades e ao seu enorme potencial. Milhares de pessoas estão encontrando novas maneiras de economizar e de se envolver com suas comunidades. Muitos decidiram adotar padrões de trabalho mais flexíveis, apesar de mais incertos.

Por que ela surge agora?

As leis econômicas de escassez se aplicam aqui e são exatamente elas que estão mudando. "Possuir alguma coisa", no sentido tradicional, está se tornando menos importante, porque o que é escasso mudou. Hoje, podemos ter praticamente qualquer coisa, desde que esteja dentro de nosso orçamento, a qualquer momento, usando esta ferramenta interminável que é a internet. Por esta razão, o equilíbrio entre oferta e demanda foi alterado, e o valor passou a estar em outro lugar.

O acesso a bens e a habilidades é mais importante que sua propriedade.

Este é o conceito central da economia do compartilhamento. Simples assim!

http://super.abril.com.br/blogs/cidadesparapessoas/files/2014/03/itau1.jpg

Conheça o estilo de vida de Neal Gorenflo, um morador de Mountain View, próxima a São Francisco. Numa segunda-feira, logo cedo, Neal deixa seu filho de um ano e meio com uma babá que compartilha com seu vizinho. Num café local, ele faz o *log in* num site chamado Lending Club, onde realiza uma série de pequenos empréstimos para alguém planejando seu casamento, um outro começando seu negócio (um pet shop) e um fulano de nome Pat que está planejando sua mudança.

Deixa seu velho Peugeot na estação de trem que o leva até São Francisco e pega, então, um Toyota Prius, o carro elétrico que havia reservado para algumas horas da City CarShare, uma instituição de compartilhamento de automóveis sem fins lucrativos. Este é o meio de transporte que ele usa para chegar até o escritório compartilhado onde trabalha, em SoMa.

"O que normalmente acontece é que as pessoas, quando tentam um comportamento de compartilhamento, começam logo a considerar: em que mais posso aplicar essa ideia?" (39)

Uma nova geração de negócios surgiu nos últimos anos, dedicada ao compartilhamento de... TUDO! Automóveis, roupas, apartamentos, móveis, arte, joias, vestidos de festa, vasos de plantas, refeições e até habilidades diversas! E tudo isso se multiplicou exponencialmente graças à internet. Os números de alguns desses sites de compartilhamento são impressionantes: visitas de 3 milhões de pessoas em 235 países, 2,2 milhões de percursos de bicicletas compartilhados por mês e assim por diante. Rachel Botsman, coautora do livro *O que é meu é seu*, explica que a evolução da internet e suas redes sociais primeiramente habilitou programadores a compartilharem códigos, como foi o caso do Linux, depois permitiu que pessoas compartilhassem suas vidas pelo Facebook e mais recentemente encorajou criadores a compartilharem seus conteúdos pelo YouTube.

"Agora estamos indo para a quarta fase", diz Botsman, em que as pessoas usam o mesmo raciocínio e dizem: "Eu posso aplicar a mesma tecnologia para compartilhar todo tipo de bens no mundo real ▪"

Compartilhamento de hospedagem

Você já alugou algum espaço fora daqui pelo Airbnb? Ou alugou seu espaço aqui para alguém de fora?

Todos os dias milhares de pessoas dormem na casa de outras, quando seus donos estão viajando ou trabalhando em outras cidades, e colocam suas moradias para alugar no site Airbnb. Essas pessoas economizam centenas de dólares em suas viagens. Em vez de gastar seu dinheiro em hotéis, alugam um espaço ou trocam sua moradia com alguém que nem conhecem, através do Airbnb. Qualquer espaço pode ser alugado através desse site. De uma cama extra em um quarto por 3 dias até um palácio à beira-mar, disponível por um mês.

O Airbnb já proporcionou hospedagem para **35** milhões de pessoas em **34** mil cidades de **192** países, sendo **600** hospedagens em castelos! Além de oferecer economia em relação ao preço das diárias de um hotel e proporcionar uma experiência realmente local ao viajante, esta *startup* dá ao dono do espaço a possibilidade de locação enquanto ele estiver fora. O site cresceu rapidamente através do boca a boca, atraindo pessoas que gostavam deste tipo de experiência. De acordo com a empresa, "quando você ficar numa propriedade locada pela Airbnb, você tem a oportunidade de viver a experiências como se fosse um habitante do local."

Os anfitriões da Airbnb podem dar dicas que você não encontraria em nenhum outro lugar. São indivíduos com grande orgulho do lugar onde moram e estão geralmente ávidos para compartilhar sugestões que tornem a sua viagem ainda mais incrível ∎"

Compartilhamento de automóveis

Acompanhando esta grande onda de negócios, diversos serviços de compartilhamento de automóveis surgiram no mercado, de lá para cá. O mais conhecido e maior deles é a empresa Zipcar, fundada em 2000 por Antje Danielson e Robin Chase, moradores de Cambridge, a mesma cidade das universidades de Harvard e MIT, e vendida em 2013 para a locadora de automóveis Avis por 500 milhões de dólares. A Zipcar funciona como uma espécie de clube, onde seus "sócios" compartilham automóveis, pagam por hora ou por dia e reservam os carros pelo site. Basta a carteirinha de "sócio" para destravar seu automóvel e sair andando. A Zipcar também oferece um aplicativo para Android e iPhone, que, ao ser acionado, faz com que o carro buzine e ajude o sócio a localizar a vaga onde está estacionado, além de destravar as portas.

Em janeiro de 2015, a Zipcar já tinha mais de **21.500** "sócios" dirigindo seus automóveis estacionados em **470** cidades e mais **400** universidades ao redor do mundo.

Uma década atrás, serviços de compartilhamento de automóveis nem existiam, mas hoje empresas como a Zipcar deram uma bela mordida nas vendas do mercado de automóveis. Atualmente, eles são uma alternativa inteligente para muitos dos jovens das gerações Y e Z que vivem em áreas urbanas: basta somar os custos financeiros de comprar um automóvel aos de manutenção, combustível, impostos e estacionamento para chegar à mesma conclusão: é bem mais econômico o compartilhamento. Isso, obviamente, resulta numa diminuição de compradores de automóveis novos e usados.

E ainda 48% dos "sócios" de um serviço de compartilhamento de carros acaba abandonando completamente a ideia de comprar um veículo. De 2006 para cá, isso significou a perda de umas 500 mil vendas de carros novos. Em 2020, esse número pode subir para **1,2** milhões caso serviços como ZipCar continuarem a expandir-se. [40]

A empresa alemã Daimler, fabricante dos carros Mercedes-Benz, está levando tudo isto muito a sério. Em 2008 ela lançou seu próprio serviço, o Car2Go, que funciona de forma semelhante ao da ZipCar. Semelhante, mas com inovações. O usuário não precisa fazer uma reserva, nem o percurso de ida e volta. Através do aplicativo móvel do Car2Go, uma pessoa andando pela rua em Ulm, na Alemanha, ou em Austin, nos Estados Unidos (suas duas cidades-piloto) pode localizar um automóvel inteligente naquele quarteirão através de um leitor de cartões de pára-brisas e um numero de PIN, dirigir este carro para qualquer lugar da cidade e deixá-lo lá, para que outro alguém possa utilizá-lo.

A Car2Go possui Smarts inteligentes de consumo eficiente para compartilhar, com chapa solar de 100 watts no teto que alimenta sua bateria e seu conjunto de tecnologias de informação e comunicação.

Numa entrevista recente, o diretor-executivo da Car2Go, Robert Henrich, declarou que, de acordo com um estudo da Frost & Sullivan,

a receita financeira do mercado de compartilhamento de automóveis em breve estará na casa dos bilhões!
"É para esta ordem de grandeza que estamos nos planejando."

Car 2 AGO the-brand-new-smart-fortwo-car2go-edition-2.jpg

Henrich vai expandir o serviço para 100 cidades nos Estados Unidos e na Europa. Em maio de 2013, a Car2go já tinha mais de 375 mil clientes em todo o mundo, usando 7 300 veículos Smarts em 19 cidades.

A Daimler não foi a única montadora a surfar nesta onda, que viaja com maior velocidade a cada dia. A BMW, a Ford – que, pasmem, chamou seu serviço de Ford2Go – a Peugeot-Citroën, a Toyota e a Volkswagen já possuem seus próprios serviços de compartilhamento de automóveis.

O Brasil tem uma versão da Zipcar. Na Zazcar, aberta em 2010, você pode alugar um carro por poucas horas, cadastrando-se através de seu *smartphone*. Você recebe seu cartão e busca seu carro em um dos 45 pontos de aluguel de São Paulo. Roda à vontade e, quando terminar, devolve o veículo. A Zazcar contava, em agosto de 2013, com **2.800** associados e **60** veículos.

Se esta grande onda crescer conforme as previsões, vários negócios serão afetados: além da indústria automobilística, inclua o negócio de seguros, o transporte público, os serviços de táxi e outros.

Mas a economia do compartilhamento não para por aí! Hoje pode-se surfar nesta grande onda compartilhando roupas de marca, por exemplo.

Quem poderia imaginar, não é?

Compartilhamento de vestuário

A Rentez-Vous é uma *startup* de compartilhamento de roupas que já está em Paris e Londres, entre várias que já surgiram. Fiona Disegni, sua fundadora, argumenta que quem compartilha roupas tem mais oportunidade de estar por dentro da moda. "A moda é volúvel e não há valor em manter a propriedade de longo prazo de uma peça de roupa", diz ela. Gostou? Você compartilharia seu *closet*?

Muita gente parece que topa compartilhar... Ao classificar um objeto como "nosso" e não "meu" estou não apenas aceitando partilhar o objeto, mas também os custos e benefícios associados a ele. Amigas que se envolvem neste tipo de consumo compartilhado dividem o custo necessário para montar a coleção de roupas que desejam usar. Assim, conseguem dobrar o número de roupas que usam. Financeiramente, esse arranjo parece ideal, mas emocionalmente, admito que pode ser um pouco complicado.

Primeiro, porque nem todos estão dispostos a usar roupas que outros já usaram. E segundo, se você pensar nas grandes marcas da indústria da moda, vai perceber que parte de nossa decisão de compra é movida pelo desejo de exclusividade. Compramos certas marcas da moda, em vez de outras alternativas mais baratas do mercado de massa, também pela garantia de que essas roupas serão mais exclusivas. E esta exclusividade fica comprometida quando a peça é compartilhada. Portanto, parece improvável que os verdadeiros devotos de moda estejam dispostos a abrir mão da propriedade. No entanto, o status associado a estar "na moda" não resulta apenas de exclusividade. Há também o capital cultural que ganhamos quando demonstramos que temos "bom gosto". Bom gosto pode ser demonstrado através do uso de roupas, independentemente da propriedade. É esse desejo de se envolver com o "gosto coletivo" que impulsiona empreendimentos como o Rentez-Vous ∎

Compartilhamento de refeições

Além de roupas de marca, hoje já existem serviços de compartilhamento de refeições como o Meal Sharing. A proposta é facilitar uma troca cultural e encorajar pessoas a cozinhar em casa, além de possibilitar que indivíduos que provavelmente nunca se encontrariam divirtam-se ao redor de uma boa mesa e tenham uma ótima experiência conjunta.
O Meal Sharing possui anfitriões cadastrados no mundo todo e já tem usuários no Brasil em Brasília, São Paulo e Rio de Janeiro. Como este serviço, existem atualmente vários outros, como o Colunching, presente em mais de 20 países, o Cookening, o Social Eaters e o Eat With entre outros. No Brasil, o Eat With já conta com 25 anfitriões ∎

Coworking

A ideia inicial e o termo *coworking* foram criados por Brad Neuberg, em São Francisco, Estados Unidos. Neuberg buscava um espaço onde profissionais autônomos e escritores pudessem se encontrar e gerar uma comunidade que de alguma forma trouxesse vantagens a seus membros, seja pelo intercâmbio de conhecimentos, através do *networking*, ou simplesmente para ter alguém com quem trocar ideias.
O conceito é de que nem todos precisam, podem ou querem arcar com o custo de um escritório próprio. Por que, então, não compartilhar um espaço e os recursos de trabalho de um escritório com outras pessoas e dividir os custos da operação? Surgiram, assim, em 2005, nos Estados Unidos, os espaços de *coworking*, que hoje estão presentes mundo afora. Estes espaços oferecem a vantagem da flexibilidade: podem ser contratados por hora, por dia ou por mês, além de proporcionarem a oportunidade de *networking* entre os profissionais de diferentes áreas. Com a mesma infraestrutura de um escritório tradicional, os espaços de *coworking* oferecem estações de trabalho com mesas e cadeiras, salas de reuniões, internet, cozinhas, banheiros, sofás e ambientes para descanso. As mesas e cadeiras podem ser escolhidas à vontade, e os usuários tem a possibilidade de trocar de local diariamente. Servem também como uma boa solução para o problema de isolamento típico do *home office*. Além disso, proporcionam um verdadeiro oásis para aquelas figuras nômades que "acampavam" nos cafés em busca de *WI-FI* grátis e que procuram trabalhar em colaboração com mentes pensantes desconhecidas.

"Recebi dicas hoje de pessoas que tiveram os mesmos problemas que eu. Então, considero que meu dia foi produtivo, e não são nem 14 horas ainda..." (depoimento de um programador freelancer) [41].

Outro usuário conta que fez enormes progressos quanto a sua produtividade, comparada aos tempos que trabalhava em casa. E ao mesmo tempo conseguiu gerar um bom número de contatos profissionais através do local de *coworking*, onde trabalha agora.

Em março de 2013, mais de **110** mil pessoas trabalhavam em um dos cerca de **2.500** espaços de *coworking* disponíveis pelo mundo. Um crescimento de **83%** sobre o ano anterior; e o número de pessoas que usam estes locais cresceu **117%**!

Um crescimento impressionante! [42]

Um estudo recente feito pela Ross School of Business, da Universidade de Michigan, mostrou que estes novos espaços impulsionam a produtividade dos trabalhadores *freelancers*.

"O aumento dos espaços de *coworking* faz brilhar uma luz sobre o que a próxima geração de funcionários espera de trabalho", dizem os pesquisadores da Universidade de Michigan.

"À medida que grupos sociais, como clubes e ligas de boliche perdem membros, organizações de trabalho realmente deveriam se tornar a principal atividade da vida onde as pessoas se sentem parte de alguma coisa", diz Garrett, um estudante de doutorado em Ross. "Mas as empresas não estão acostumadas a preencher essa necessidade humana. Lá, o que existe é uma hierarquia rígida, concorrência e política. Os espaços de *coworking* mostram como se pode criar um senso de comunidade e de produtividade."

Veja dados interessantes da última pesquisa Global Coworking Survey, publicada em maio de 2014.

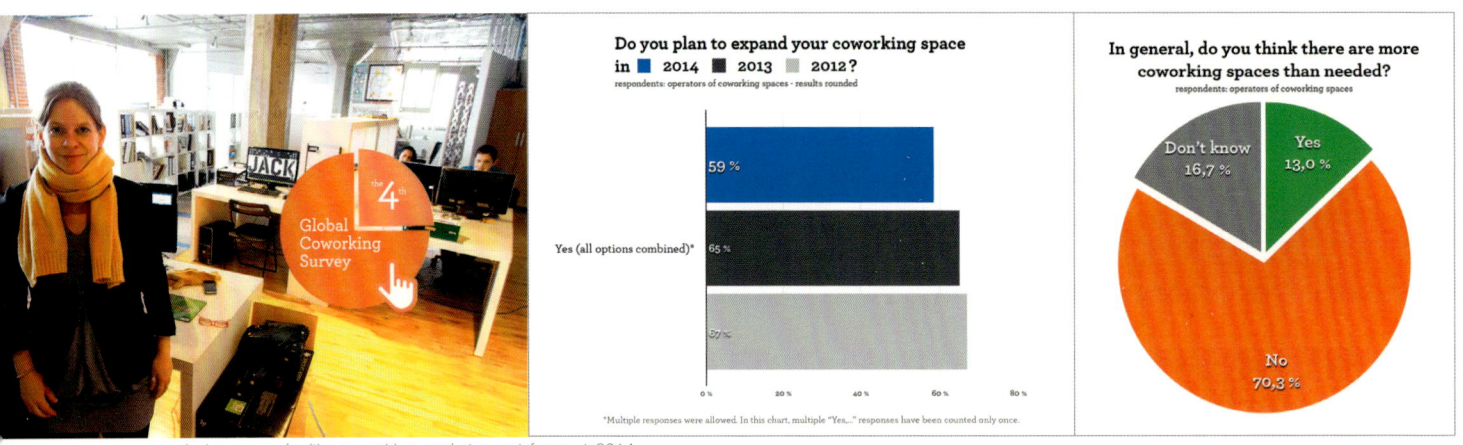

www.deskmag.com/en/the-coworking-market-report-forecast-2014

Esses dados constatam que a indústria está em pleno crescimento e que ainda tem muito espaço para se expandir. (43)

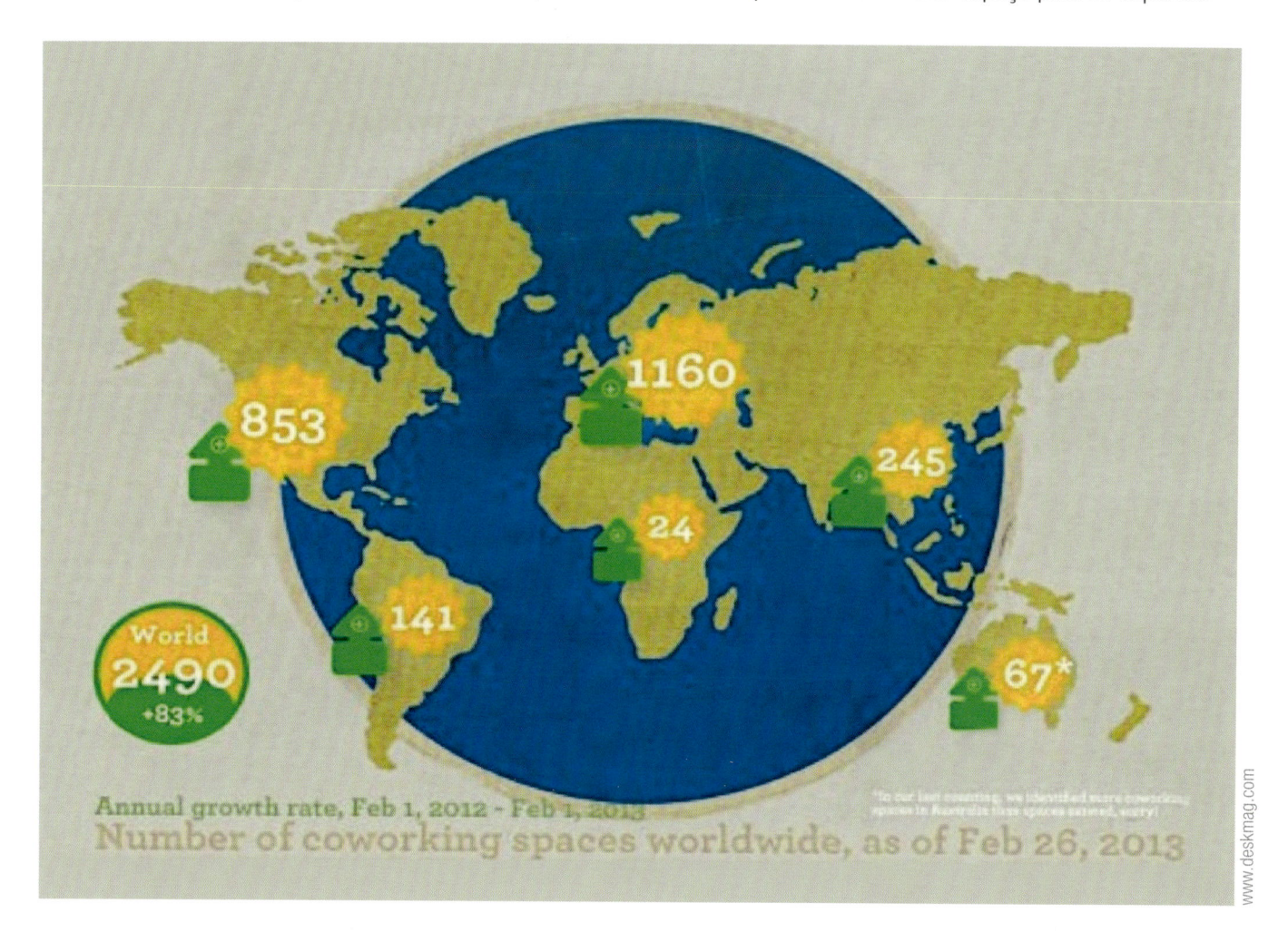

Number of coworking spaces worldwide, as of Feb 26, 2013
Annual growth rate, Feb 1, 2012 - Feb 1, 2013
World: 2490 (+83%)
- 853
- 1160
- 245
- 24
- 141
- 67*

A revista *Forbes* afirma que o futuro será dos trabalhadores autônomos. Após a crise de 2008, muitos dos recém-formados nas universidades não puderam mais contar com o emprego certo e imediato. Isto fez com que estes jovens se tornassem mais flexíveis e criativos em suas profissões, abrindo novos negócios, criando novas ocupações para si mesmos, buscando a "Nova Grande Oportunidade de Negócios". (44)

O Bureau of Labor Statistics americano estima que em 2020 cerca de **65** milhões de americanos serão *freelancers*, temporários ou empreendedores autônomos, representando **40%** da força de trabalho no país. (45)

"Não serão mais as exceções, os espaços de *coworking* serão a regra."

No Brasil, o *coworking* também está em pleno crescimento. Fernanda Nudelman Trugilho é a pioneira desta área no país: abriu seu Pto de Contato em São Paulo em 2006, quando o conceito ainda engatinhava nos Estados Unidos e sua marca hoje é referência em *coworking* aqui. Ela conta que decidiu investir no negócio por necessidade própria, já que trabalhava em casa, no esquema *home office*. No início, imaginava que tudo seria maravilhoso: poderia trabalhar de pijama, acordar tarde... que delícia! Mas este sonho acabou logo quando percebeu que trabalhar em casa pode ser uma atividade solitária. Não há ninguém para trocar ideias, para se pedir uma opinião profissional, nem para bater um papo, tomar um café ou contar uma piada. Além disso, é grande a chance dela ser interrompida por filhos, telefonemas, problemas domésticos sem relação com o trabalho, cachorros e assim por diante.

"Em casa você não tem disciplina. É mentira essa coisa de que você não tem hora para começar. A verdade é que você não tem hora para acabar. A realidade não é que as pessoas trabalham em casa, elas moram no trabalho!"

Fernanda Nudelman Trugilho – Pto de Contato

Fernanda – hoje conhecida como a "Fê do Pto" – considera importante que além do trabalho, tema muito forte na ideia do *coworking*, o conceito não se restrinja a ele. O ambiente fica mais rico e mais interessante se incluir também outras características, como faz seu Pto de Contato, que promove *workshops*, cursos, palestras e eventos. "Tudo isso gera energia que faz com que se respire empreendedorismo dentro do espaço do *coworking*", diz, "e funciona como geração de conteúdo. Com isto, o pacote inteiro fica melhor!"

Quem são os compartilhadores?

32% dos usuários destes espaços tem ensino superior completo e **35%** pós-graduação completa. **47%** tem de a **35** anos e **24%** tem de **19** a **25** anos. Estima-se que já existam no Brasil mais de **110** espaços de *coworking* (pesquisa Movebla, Maio de 2013).

Uma recente pesquisa feita nos Estados Unidos, Reino Unido e Canadá [46], publicada em março de 2014, revelou que há grandes chances de que a população de "compartilhadores" dobre em 2015, já que existe o número quase igual de novos participantes e de *prospects* em todas as novas categorias de compartilhamento, como transporte, dinheiro etc. Descobriu-se também que estes "compartilhadores" tem menos intenções de se casar ou de comprar uma casa, mas são mais propensos a ter filhos. Quase metade deles tem entre **18** e **34** anos, **75%** deles usam sites de relacionamento e, por incrível que pareça, tendem a pertencer à classe   .

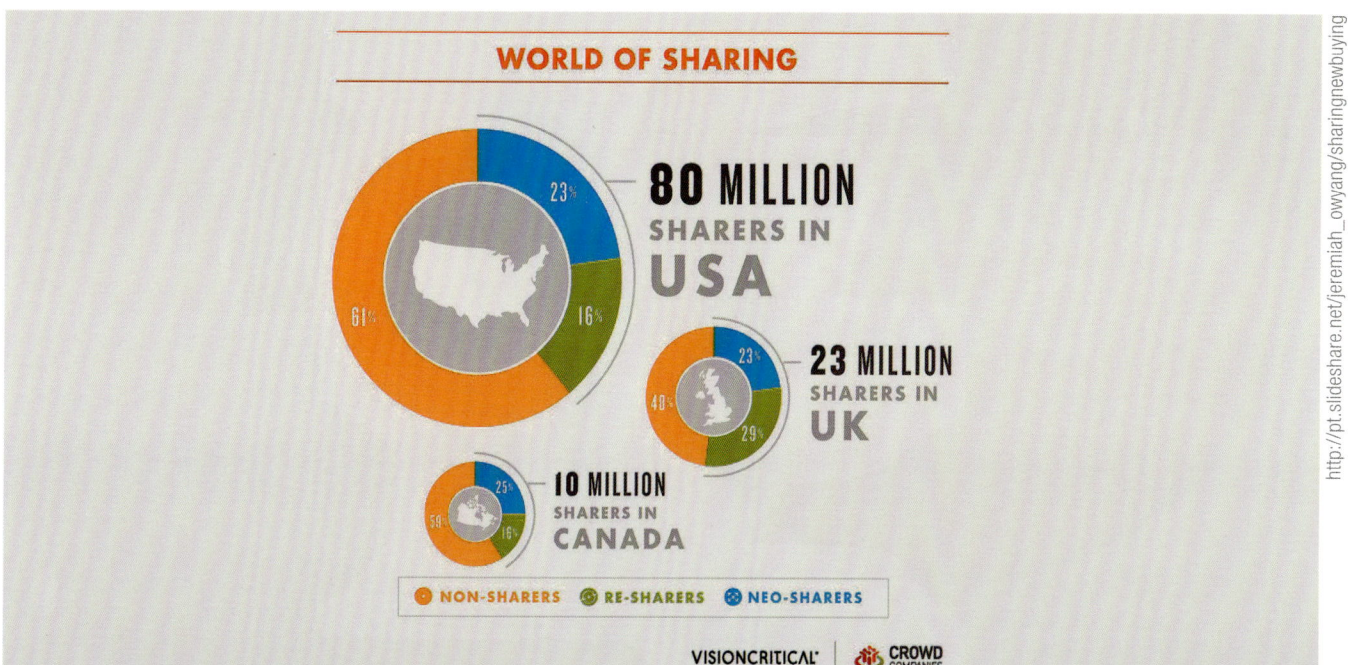

"No futuro, não seremos capazes de diferenciar um funcionário e um cliente", especula Owyang, um colaborador. "As empresas mais bem-sucedidas deixarão o público determinar produtos, seu design e compartilhá-los. O público está fazendo a maior parte do trabalho; e a única coisa que poderia ser deixada para a empresa definir seria o logotipo."

Existe até um dia especial para a economia de compartilhamento! Dia 1º de junho é o *Global Sharing Day*, dia que em 2013 teve a participação de **4** milhões de pessoas em **192** países. Seu tema foi o compartilhamento de refeições.

O estilo de vida colaborativo veio para ficar e a economia do compartilhamento já está gerando um enorme controle de gastos para a sociedade. Uma pesquisa feita no primeiro semestre de 2013 [47] estima, por exemplo, que as poupanças e ganhos gerados pela economia de compartilhamento foram de **72,48** bilhões de dólares e que **65%** dos adultos no Reino Unido já fazem parte dela.

A grande onda da economia colaborativa vem vindo com toda a intensidade. As marcas que não buscarem suas pranchas rapidamente e pegarem esta onda, perderão o *timing*, levarão um caldo e correm o risco de se afogar ■

www.globalsharingdayaustralia.com

www.collaborativeconsumption.com

6 Customização em massa

Nos dias de hoje, não queremos mais ser tratados como parte de uma grande massa. Somos únicos e diferenciados e é desta forma que queremos ser tratados pelas marcas que pretendem se relacionar conosco. Este desejo coletivo complicou, e muito, a vida das marcas.

O novo desafio dos profissionais é:

como desenvolver produtos, produzir e comunicar-se com este novo consumidor?

Muitas empresas podem se beneficiar da customização em massa, mas poucas realmente se utilizam desta estratégia. Hoje, não apenas o "foco é no cliente", mas este cliente precisa ser tratado de forma extremamente peculiar. Ele quer comprar produtos feitos especialmente para ele.

Veja como Joseph Pine, autor que popularizou o termo "personalização em massa", o definiu: "Desenvolver, produzir, comercializar e entregar bens e serviços a preços acessíveis, com variedade e personalização suficiente para que quase todo mundo encontre exatamente o que quer." [48]

Em outras palavras, é preciso oferecer aos clientes exatamente o que eles querem, no momento que eles desejam. Algumas marcas estão à frente nesta corrida e já produzem itens customizados. Fazem isto com tamanha sofisticação que muitas vezes é quase impossível encontrar dois produtos iguais na mesma cidade.

Considere os seguintes exemplos:

Entre no site americano da marca Mini, da BMW, e encontre o kit de ferramentas on-line para customizar seu automóvel. Lá mesmo você escolhe a cor do carro, do teto e dos espelhos retrovisores. Escolha motor, câmbio, rodas e interior – desde os assentos, o volante até o tipo de sonorização e uma série de acessórios opcionais.

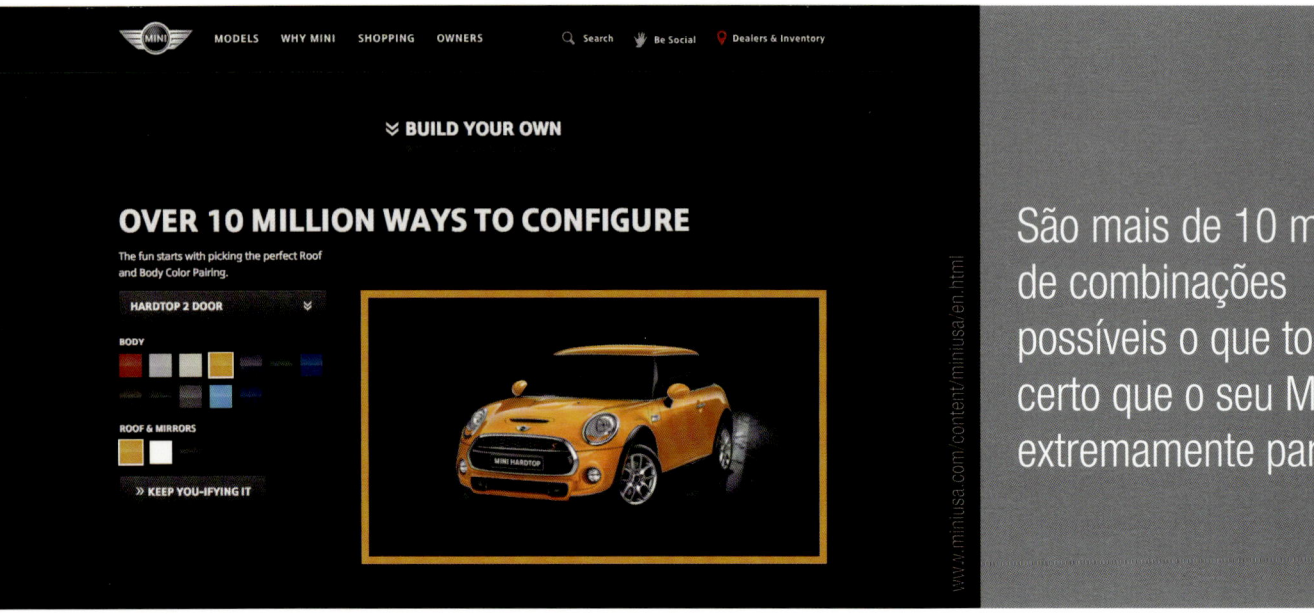

São mais de 10 milhões de combinações possíveis o que torna certo que o seu Mini será extremamente particular!

www.miniusa.com/content/miniusa/en.html

A BMW é capaz de fabricar todos os carros de acordo com a encomenda individual de cada comprador. Além disso, ela desenvolve uma fortíssima relação de envolvimento com seu consumidor, ao oferecer a possibilidade de cocriar seu próprio automóvel.

E na moda? Novas fábricas de camisas – entre elas a Stantt, a Threadmanson e a Original Stich – estão trocando o tradicional P/M/G por uma variedade de opções de tamanhos e cortes. Pense comigo: uma pessoa pode ter uma cintura fina, mas braços longos ou ombros estreitos e tronco musculoso.
Nesses casos nenhum dos tamanhos irá realmente lhe servir, não é? Com cada vez mais consumidores se voltando para as compras de roupa on-line, os varejistas do *e-commerce* continuamente buscam maneiras de aperfeiçoar o ajuste para satisfazer o cliente que procura a customização, sem que ele precise experimentar a roupa (e sem que se frustre, tendo que devolvê-la).

A Original Stitch, de São Francisco, Estados Unidos, conhecida como a marca da hipercustomização de camisas masculinas, dá ao consumidor o poder de personalizar sua camisa, podendo escolher tecido, cor, estampa e design, em mais de um bilhão de opções possíveis. Isto sim é que é customização!

A empresa se propõe a liberar o homem do processo da compra tradicional oferecendo conveniência e simplicidade através de uma plataforma on-line.
As vantagens de comprar roupas feitas sob medida são óbvias: vão desde o ajuste impecável até a capacidade de controlar todos os detalhes. A Original Stitch lhe oferece uma maneira totalmente on-line para encomendar camisas personalizadas a qualquer hora do dia ou da noite. Um conceito legal de uma nova empresa *super-cool!*

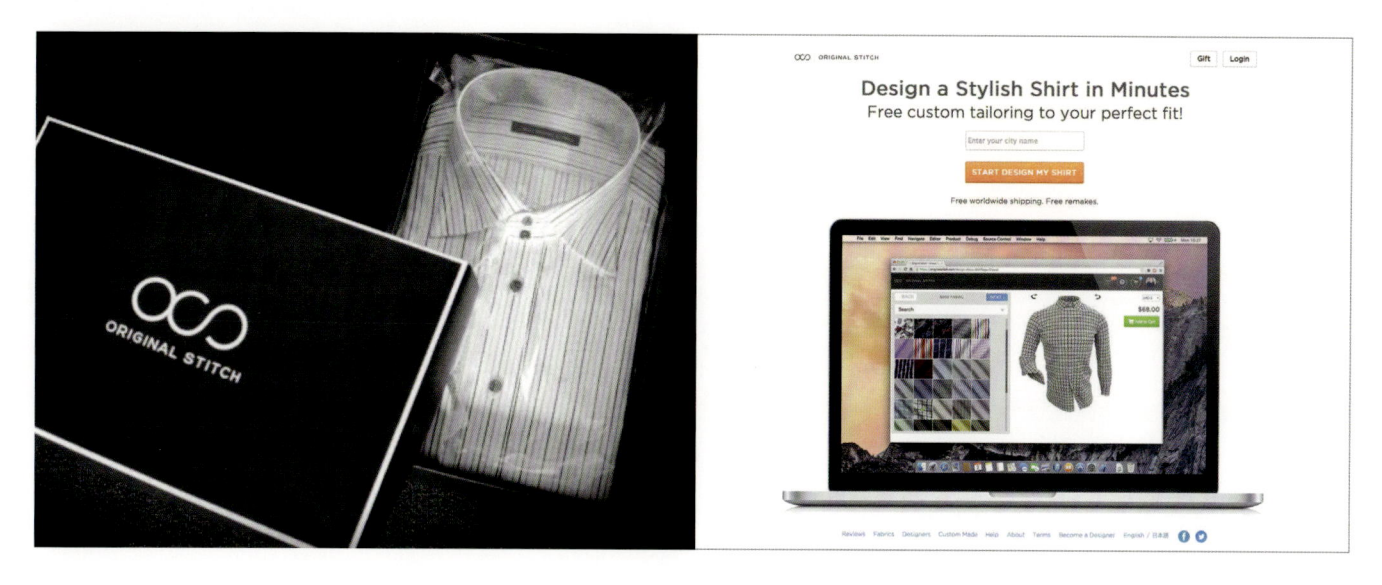

No início de 2013, a revista *Forbes* publicou uma matéria falando sobre o crescimento dos sites que customizam produtos para o mercado. Cita como grande exemplo o site da *CustomMade*, uma espécie de intermediário na relação empresa customizadora – consumidor. Seu *ticket* médio varia entre 1.300 e 1.500 dólares e os itens negociados através do site vão de cadeiras, mesas e anéis de casamento até motocicletas.

"Personalizar tornou-se uma obsessão. Como um comprador, uma vez que você está habilitado a obter algo exatamente do jeito que você espera, irá perceber que pode obter qualquer coisa feita exatamente do jeito que você quiser. A Custommade acha que você pode fazer isto. E faz para você, sem dificuldades." [49]

Seus sócios, Michael Salguero e Seth Rosen, conheceram-se na universidade de Boston e compartilhavam a paixão pela customização. Em 2009 compraram a empresa juntos e o sucesso foi tamanho que em 2013 conseguiram levantar novos financiamentos de **26** milhões de dólares.

Em junho do mesmo ano, a empresa contava com **12.000** produtores (marceneiros, serralheiros, fabricantes de joias, e muito mais) e cerca de **100.000** compradores.

"Queremos fundamentalmente mudar a maneira como as pessoas pensam sobre comprar coisas."

Como a customização em massa depende altamente das tecnologias e ferramentas on-line, várias plataformas de design foram desenvolvidas nos últimos anos para fornecer ao usuário uma experiência interativa gratificante durante todo o processo de concepção de seu produto personalizado.

"A customização de massa é decididamente o futuro dos produtos e as novas tecnologias digitais são os disruptores", consta no relatório da Forrester Reports de 2011. [50]

Com consumidores cada vez mais à procura de itens únicos e exclusivos, que ninguém mais tem, como forma de lutar contra a pasteurização e a "walmartização" do mundo, é muito provável que esta força que move o grande tsunami continuará a ganhar cada vez mais velocidade ∎

Conclusão

O comportamento das pessoas mudou – e muito!
Nos tempos de vida conectada do século XXI, a internet com suas ferramentas habilitou as pessoas a se manifestarem de uma forma antes jamais possível.
Com esta revolução, o indivíduo comum conquistou o seu lugar definitivo no "assento do motorista". Ganhou um poder irrevogável – para o bem e para o mal. Poder para:

• Manifestar suas opiniões sobre às marcas – ganhando vias definitivas seja para fazer suas reclamações, contribuir, cocriar ou postar comentários destrutivos;
• Criar conteúdo que até então só podia ser feito por jornalistas credenciados. E faz isto agregando valor à sociedade e contribuindo com visões diferentes daquelas dos jornalistas, postando conteúdo novo e criativo, notícias em tempo real, enriquecendo o conhecimento da humanidade, além de postar uma série de informações inúteis e inverídicas;
• Escolher as músicas que quer ouvir e não mais ser obrigado a comprar uma coleção inteira selecionada pelas gravadoras vendida num CD. O indivíduo será o curador de suas listas de música, com a desvantagem de desconhecer a obra completa do artista;
• Expressar-se da forma que bem quiser, como nunca antes lhe foi concedido, através de blogs, redes sociais e comentários em sites. Isto introduziu uma imensa liberdade de expressão como jamais vista na história da humanidade. Com este poder do indivíduo, vieram também à tona os pedófilos, os racistas, os sites de pirataria, o esquecimento da importância da privacidade e outras diversas questões importantes;
• Utilizar as redes sociais e se organizar em comunidades;
• Realizar projetos em colaboração com colegas profissionais localizados em qualquer parte do mundo. Podendo assim conquistar algo muito mais grandioso do que conseguiria alcançar sozinho. Com isto abre-se a possibilidade de fornecer trabalhos como *freelancer* para grandes organizações e estas podem comprar mão de obra barata de grandes talentos sem precisar contratá-los pagando altos salários e encargos sociais;
• Lançar um novo projeto num site e obter o financiamento através de uma multidão de financiadores;
• Participar de um projeto de uma grande empresa global, mesmo não fazendo parte de seu quadro de funcionários ∎

Capítulo 6
A destruição

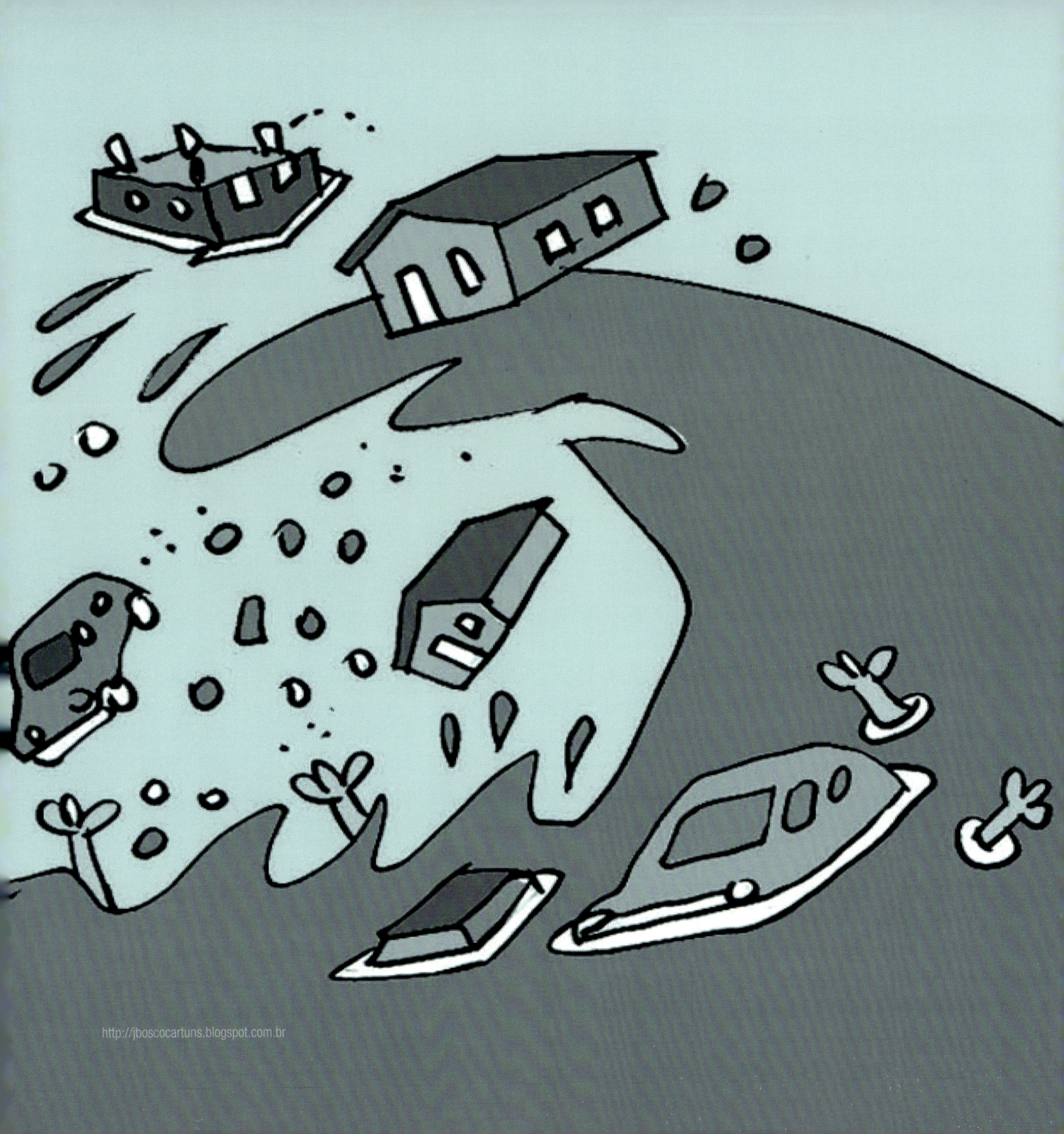
http://jboscocartuns.blogspot.com.br

"Um tsunami não pode ser jamais somente uma onda. Ondas são banais. Tsunamis transformam nosso planeta."

Karen Marie Moning, *Iced*

Até agora você leu sobre as forças que movem este tsunami gigante, aquelas que se movimentam na velocidade de um jato comercial e partem de seu epicentro. Por serem submersas, fazem com que este tsunami só seja visível quando se aproxima da praia. E o momento em que ele é avistado da praia é tarde demais para se tomar qualquer ação. O *timing* foi perdido. Correto?

É esta a modernidade em que vivemos. A modernidade das forças velozes e do campo de batalha que se torna cada vez mais rápido e mutante.

Agora, você vai conhecer os efeitos deste tsunami. Saiba que podem ser devastadores! Ele chega à praia com tanta força que é impossível não causar destruição à sociedade ■

E que destruição seria essa?

1 O fim do anonimato
Privado X Público

"Viver uma vida pública é o novo padrão. Não é possível viver a vida moderna sem revelar informações pessoais para governos e corporações. Poucas pessoas terão a energia, interesse ou recursos para se protegerem da constante vigilância de seus dados. Privacidade irá se tornar um luxo." [1]

Oferecemos rotineiramente nossas informações pessoais a organizações em diversas situações: numa compra on-line, em sites que solicitam cadastramento, em jogos no celular, ao passar cartões de crédito ou débito pelas máquinas das operadoras e assim por diante. Fazemos isso de forma tão mecânica e inocente que nem nos damos conta das consequências destas nossas ações.

"A inteligência coletiva dos 2 bilhões de usuários da internet e as pegadas digitais que tantos deles deixam nos sites são combinadas e tornam cada vez mais provável que todo vídeo embaraçoso, foto íntima e e-mail indelicado seja relacionado à sua fonte, quer esta o deseje, quer não.
Esta deterioração do anonimato é um produto dos serviços das redes sociais, que se infiltram na vida das pessoas, das câmeras de celulares baratos, dos sites grátis de armazenamento de fotos e vídeos e, talvez mais importante de tudo, de uma mudança na visão das pessoas sobre o que deve ser público e o que deve ser privado. Especialistas dizem que sites como o Facebook, que exigem identidades reais e incentivam a partilha de fotografias e vídeos, apressaram esta mudança", diz Brian Stelter.

Os seres humanos não querem nada mais do que se conectar, porém as empresas que nos conectam eletronicamente querem saber quem somos, quem está dizendo o quê, onde e para quem. [2]

Os usuários podem até acreditar que as redes sociais manifestem sua liberdade de escolha, mas hoje o que era privado se tornou público e está disponível para o consumo de todos.

Não pense que o que hoje está à disposição de todos seja apenas seus últimos *posts* do Facebook. No caso específico do Facebook, saiba que tudo, integralmente tudo o que você posta em sua página, fica arquivado pela empresa *ad infinitum*. E saiba também que informações a seu respeito, retiradas de "metadados"– como, por exemplo, de onde, a que horas e de que endereço de IP você acessou o site – são distribuídas a clientes do Facebook para auxiliá-los a melhor acertar o "alvo" quando publicam seus anúncios na rede.

Veja um exemplo que vai um pouco além. Suponha que um usuário seja "tagueado" por um amigo, jantando com ele em um restaurante francês. Este amigo acaba de dar informações ao Facebook não apenas sobre seu gosto culinário, mas também o de quem foi "tagueado".

Os usuários provavelmente não percebem todas estas nuances, mas entendem que perdem parcialmente sua privacidade.

Então porque esta mudança de comportamento? Esta necessidade de se expor até ao risco de perder a privacidade?

"Nunca mais vou ficar sozinho (abandonado, ignorado desprezado, banido e excluído). O medo da exposição foi abafado pela satisfação de ser notado." [3]
Zygmunt Bauman, filósofo

Este confinamento, causado pela exclusão e abandono, transformou-se na maior ameaça do mundo moderno, o que fez com que a necessidade de ser notado e comentado tenha sido recategorizada.

Foi de perigo e risco para desejo e anseio.

Diferente do que muitos imaginam, esta ânsia incontrolável de expor publicamente seu "eu interior", para que sua persona seja notada e comentada, não acontece apenas nas gerações mais jovens e não pode ser explicada por fatores de idade.

"O que antes era invisível – a cota de intimidade, a vida interior de cada um – agora deve ser exposto no palco público. Aqueles que prezam sua invisibilidade tendem a ser rejeitados, postos de lado ou transformados em suspeitos de um crime." [4]

Eugène Enriquez

Diante desta discussão, que uma coisa fique clara:

Jamais culpe o mensageiro pela mensagem que entrega.

"A internet não nos rouba a humanidade. É um reflexo dela", diz Josh Rose, diretor de criação digital da agência de publicidade Deutsch L. A.

Nem os computadores são culpados pela destruição causada pelo tsunami social. São apenas as ferramentas.

O que causa o tsunami social são os comportamentos das pessoas que utilizam as ferramentas da tecnologia digital.

Aparentemente, as faixas etárias que menos se preocupam com sua privacidade são as das gerações Y e Z, aquelas dos nascidos à partir de 1977. Sua vida é um livro aberto, publicado integralmente no Facebook, Instagram e nos *apps* e blogs que utilizam.

Você foi na balada e saiu bêbado abraçado com 3 garotas?
Fez um *selfie* e postou no Facebook?
Não gosta de alemães ou de nordestinos?
Tem opiniões sobre tudo e as declara nas redes sociais?
É de direita?
É de esquerda?
Adora defender seus pontos de vista?
Dirige bêbado e se vangloria disto?
Posta todas as suas fotos nestas redes sociais?

Os jovens de hoje expõem impreterivelmente toda a sua vida na internet. E acham tudo isso muito normal. Porém, esquecem-se que logo mais, assim que se formarem na faculdade, irão procurar um emprego e que hoje é prática comum, entre os gestores de **RH**, pesquisar a vida pregressa do pretendente a uma vaga, nas redes sociais.

Um levantamento feito pela Microsoft em conjunto com o Data Privacy, mostrou que **70%** dos profissionais de RH rejeitaram candidatos devido a informações que descobriram, com base em pesquisa on-line, principalmente nas redes sociais.

Os recrutadores e profissionais de RH também declararam acreditar que o uso de informações sobre a reputação on-line irá aumentar significativamente no futuro próximo.

E, de acordo com um artigo publicado na revista *Forbes*, os empregadores já sabem que é uma boa ideia verificar as páginas de Facebook dos candidatos a emprego para se certificar de que não existem quaisquer sinais de alerta por lá. Os mais importantes deles, para a maioria dos empregadores, parecem ser drogas, bebida, textos ou fotos provocativas ou inapropriadas, posts que falam mal de ex-empregadores e mentiras sobre as qualificações. Mas há um outro bom motivo para conferir a página do Facebook de um candidato antes de convidá-los para uma entrevista: o Facebook pode ser um reflexo bastante preciso de como eles se sairão no trabalho. [5]

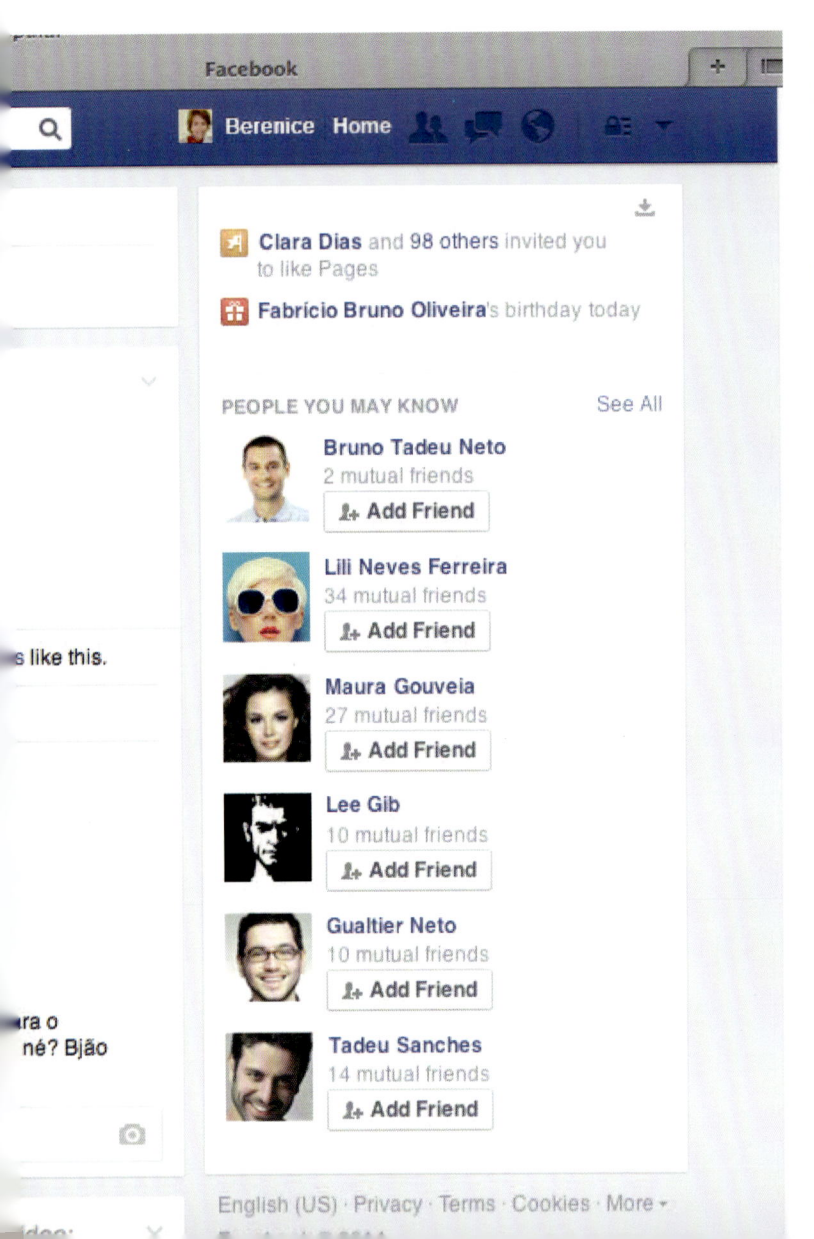

A morte do privado não apenas transformou nossa vida privada em pública como também nos roubou a possibilidade de esquecer e de ser esquecido. Um dia destes, o Facebook me sugeriu "pessoas que eu poderia conhecer" para que eu adicionasse à minha lista de "amigos". Entre elas, estava o perfil de um conhecido meu que havia falecido. "Em 2025, muitos dos comportamentos e informações que consideramos privadas hoje não serão assim julgadas... as informações serão ainda mais líquidas. A esfera digital privada, bem como a esfera pública digital irão se sobrepor completamente", afirma Homero Gil de Zuniga, diretor do programa de pesquisa de mídia digital da Universidade de Texas-Austin.

Em alguns aspectos, a morte do privado nos parece inevitável. Porém é importante lembrar que ainda temos controle total das informações que postamos ou não nas redes sociais. Pense nisto:

o que nunca foi postado, continua (e sempre continuará) privado.

Obs.: a página do Facebook ao lado não é real, apenas uma simulação.

2 Amigos do Facebook, Twitter, Instagram etc.
Próximos ou distantes?

Josh Rose, já mencionado aqui, curioso, perguntou a seus amigos das redes sociais:

"Toda esta nova vida digital está fazendo você se sentir mais próximo ou mais afastado das pessoas?"

Claro que uma pergunta destas provocou uma enxurrada de respostas e pareceu tocar no tendão de Aquiles desta nova era. As relações sociais podem parecer frias e desumanas. É só comparar o ato de "abraçar" uma pessoa na vida real com a ideia de "cutucá-la" no Facebook, que fica claro o que quero dizer. Mas um amigo de Josh respondeu:

"Me sinto mais próximo de pessoas das quais estou afastado e mais afastado de pessoas de quem sou muito próximo. Fiquei confuso."

Pois é, este assunto é mesmo bem confuso!

"Agora vivemos este paradoxo em que duas realidades aparentemente conflitantes coexistem lado a lado. As redes sociais simultaneamente nos aproximam e nos afastam."

Não há dúvidas que proximidade física é mais gratificante, mas requer um considerável investimento de tempo e energia. A proximidade digital que buscamos com o auxílio do Facebook é ágil, exige muito pouco empenho, é descartável e praticamente livre de riscos emocionais: a escolha é sua!

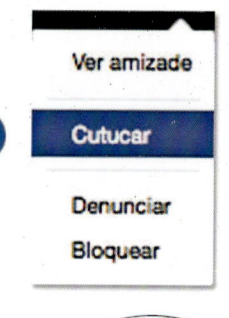

Diz Sherry Turkle, ph.D. em sociologia e psicologia da personalidade pela Universidade de Harvard e titular da cadeira de estudos sociais da ciência e tecnologia do MIT, Estados Unidos,

"Hoje, inseguros em nossos relacionamentos e ansiosos por intimidade, recorremos à tecnologia, tanto para viver relacionamentos como para nos proteger deles."

Nossos "amigos" do Facebook são próximos ou distantes? Há usuários que se vangloriam de ter **1.500** "amigos" na rede social. Um número impressionante, você não acha?

Robin Dunbar, antropólogo da Universidade de Oxford, não acha: "Nossas mentes não foram feitas para permitir que tivéssemos mais que um limitado número de pessoas em nosso universo social". E este número, calculado por ele, é **150**.

150 é o limite cognitivo para o número de pessoas com quem podemos manter relações sociais estáveis e significativas. Este conceito passou a ser conhecido como

o "número de Dunbar."

A razão é evolucionista e parte dos estudos das comunidades de nossos ancestrais. Segundo ele, a proximidade de um número maior que este entre pessoas era, e é ainda, insustentável. [65]

A promessa das redes sociais de romper esta barreira possibilitando o usuário a "relacionar-se" com 1.500 "amigos" não se concretiza, diz Dunbar.

"Você pode estabelecer amizade com 500, 1 000 ou até 5 000 pessoas em sua página do Facebook. Mas todos, com exceção de 150, estão meramente observando sua vida cotidiana ■" [6]

Robin Dunbar

https://www.youtube.com/watch?v=x5Tkzhm WVg

3 Juntos sozinhos

Tenho visto cada vez mais casais e grupos de amigos jantando juntos em restaurantes. Estão juntos mas não estão. Como assim? Eu explico.

Decidem jantar juntos mas, sentados na mesma mesa, no mesmo restaurante, estão cada um em seu mundo, digitando e lendo mensagens em seus *smartphones*.

Sou professora e coordenadora de cursos de pós-graduação da FGV. Tenho reparado que, durante minha aulas, uma parte dos alunos presta atenção numa certa parcela da exposição e usa o tempo restante para navegar na internet, enviar mensagens de texto, conversar com seus amigos pelo WhatsApp, procurar emprego no Linkedin, responder e-mails ou, quem sabe ainda, até fazer compras on-line.

Se, por acaso, você é um aluno, não pode imaginar quanto um professor consegue enxergar sobre o que fazem seus 50 alunos enquanto expõe sua aula.

Tenho reparado neste tipo de comportamento não apenas durante minhas aulas, mas também em palestras, reuniões e apresentações de estratégias. Na maioria das vezes, percebo participantes lendo e digitando em *smartphones* disfarçadamente embaixo da mesa e, assim, ausentando-se do evento. A agência de publicidade Lew'Lara\TBWA criou caixas anticelular com carregadores, posicionadas do lado de fora das salas de reuniões e os profissionais e clientes são encorajados a deixarem ali seus *smartphones* para evitar distrações.

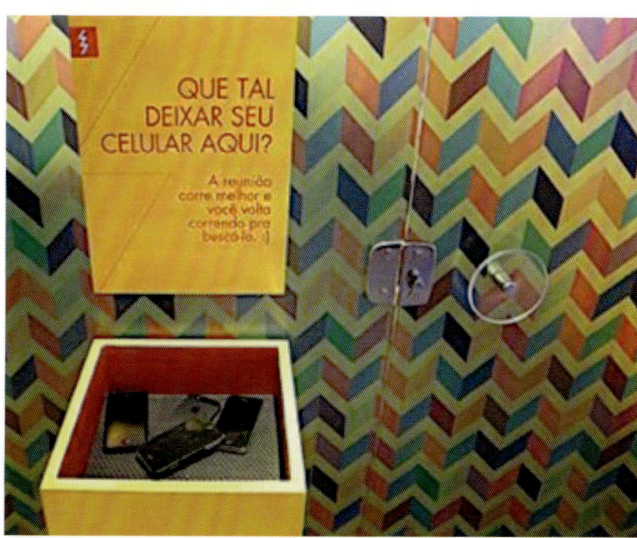

Analise comigo esta foto:

Estariam estes jovens juntos ou sozinhos?

Acredito que você já saiba a resposta. Estão "juntos sozinhos". Eis mais uma das destruições causadas por este tsunami gigante em nossa sociedade contemporânea.

Sherry Turke, depois de dois livros entusiastas que escreveu sobre tecnologia, internet e sobre nossa personalidade on-line, publicou em 2011 o livro *Alone together: why we expect more from technology and less from each other* (Sozinhos juntos: porque esperamos mais da tecnologia e menos um do outro).
Neste livro, Turke convida a sociedade a refletir e repensar sua forma de como se relaciona com os dispositivos digitais. Sugere investirmos mais nos relacionamentos cara a cara e menos nos digitais e afirma, como psicóloga que é, que, desta forma, nos aproximaremos mais não só de nossos amigos, mas também de nós mesmos.

"Em 1996, quando dei minha primeira palestra no TED, minha filha tinha 5 anos e eu tinha acabado de escrever um livro celebrando nossa vida na internet. Naquela época, experimentávamos as salas de bate-papo e as comunidades virtuais. Explorávamos diferentes aspectos de nós mesmos. E o que mais me empolgou foi a ideia de que usaríamos o que aprendemos no mundo virtual sobre nossa identidade para viver uma vida melhor no mundo real.

"Avance agora até 2012. Minha filha tem 20 anos, é uma estudante universitária e dorme com seu celular ligado. Eu também!

Ainda me empolgo com a tecnologia, mas acredito que estamos nos deixando levar por ela a lugares que não desejávamos ir!

"Estes pequenos dispositivos em nossos bolsos são tão psicologicamente poderosos que não mudam apenas o que fazemos, mas modificam também quem somos!

http://www.ideastream.org/news/npr

"Por que esta questão é tão importante?

Estamos nos acostumando com uma nova forma de estarmos a sós juntos.

"As pessoas querem encontrar-se umas com as outras, ao mesmo tempo em que desejam estar em outros cantos, conectadas a todos os outros lugares onde gostariam de estar – dentro e fora dos locais em que se encontram. O que importa para elas é ter total controle de onde focam sua atenção."

Sherry Turkle

Você quer ir à aula, mas só quer concentrar sua atenção naquilo que mais lhe interessa.

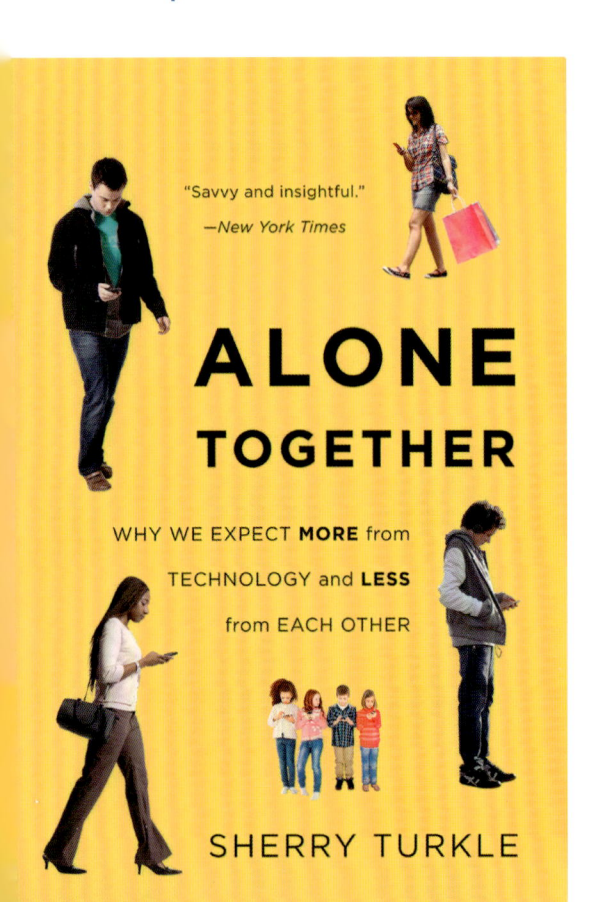

"Quer estar na reunião mas, enquanto seu colega fala, aproveitar para responder e-mails.

"Um adolescente de 16 anos, que recorre às mensagens de texto para praticamente tudo, declara, com certa melancolia:

'Um dia, algum dia, gostaria de aprender a manter uma conversa de verdade; mas hoje, não.'

Ao ser perguntado por que não consegue ter uma conversa de verdade, o jovem responde:

'Uma conversa acontece em tempo real e aí não poderei controlar o que vou dizer.'

Digitar mensagens, enviar e-mails, postar no Facebook ou no Instagram, blogar ou qualquer ação digital deste tipo nos permite apresentar a *persona* que desejamos ser. Temos a possibilidade de editar, deletar, retocar, omitir ou alterar.

As relações humanas são ricas, confusas e exigem muito de nós.

Isto revela uma verdade dolorosa: aquela sensação de que "ninguém está prestando atenção em mim" é muito importante em nossa relação com a tecnologia.

É por isso que é tão atraente ter uma conta no Facebook, no Twitter ou no Instagram: os ouvintes estão lá, automaticamente, à disposição. E este sentimento de que "ninguém está me ouvindo" nos faz passar mais tempo com as máquinas, já que elas parecem gostar de nós.

Nos acostumamos a estar tão sozinhos nas grandes cidades que caminhamos pelas ruas com nossos fones de ouvido ligados a nossos *smartphones*, andamos assim pelo metrô e assistimos nossos vídeos preferidos, jogamos nossos *games* ou lemos nossos livros em nossos leitores eletrônicos e, assim, nunca conversamos com ninguém.

Pensando nisto, na solidão em que vivem as pessoas hoje, um novo projeto chamado *Talk to me*, criado em Londres, tem como objetivo incentivar os 8 milhões de residentes multiculturais a conversarem entre si.

Numa cidade como Londres, que é reconhecidamente hostil, onde milhões de trabalhadores se apertam todos os dias para ir ao trabalho e, no trajeto, procuram evitar até a troca de olhares, o projeto procura quebrar barreiras iniciais distribuindo *Talk to me buttons* e incentivar conversas pessoais, no mundo físico.

https://www.kickstarter.com/projects/1420177657/talk-to-me-london-day/

O filme *Ela* (Her) – de Spike Jonze – lançado no Brasil em fevereiro de 2014 e ganhador do Oscar do mesmo ano na categoria "Melhor Roteiro", explorou muito bem esta realidade.

Trata-se de um conto futurístico sobre a ilusão da aproximação que tanto vivenciamos em nossos dias. No filme, Joaquin Phoenix interpreta Theodore, uma figura tão solitária que não consegue se relacionar com as pessoas. Inicia, então, uma interação com um software de inteligência artificial – cuja voz é brilhantemente interpretada por Scarlett Johansson – e acaba se apaixonando por ela. Ao comentar sobre este relacionamento com seus amigos, a recepção parece normal e corriqueira. Mas Phoenix vivencia uma angústia sem limites pela impossibilidade da relação física com este "ser" amado.

Aplicativos e softwares como o Tinder, Whatsapp, Facebook, Snapchat e vários outros aproximam pessoas ao mesmo tempo em que as afastam.

Assim, através das redes sociais, estamos usando a tecnologia para termos a ilusão de companheirismo sem as exigências da amizade.

E os *smarphones* que carregamos no bolso nos oferecem 3 fantasias gratificantes:

Podemos concentrar nossa atenção onde quisermos;

Seremos sempre ouvidos;

Nunca mais estaremos sozinhos.

Estar conectado 24 horas por dia reinventou uma nova maneira de ser, alterando o cogito de René Descartes para:

"Sou visto (observado, notado, registrado), logo existo."[7]

O principal problema desta realidade é que, quando nos apercebemos sem conexão, vivenciamos uma forte percepção de vazio. Nos sentimos deslocados de nós mesmos: é como se não existíssemos!

4 Comportamento social inadequado

Quando, no passado, você teria que aturar uma pessoa falando alto sozinha durante todo seu trajeto num elevador, do térreo ao 25º andar? Ou seria obrigado a ouvir detalhes de uma reunião inteira, sobre um assunto que não lhe interessa de uma empresa que você nem conhece, numa sala de espera de um consultório médico, somente porque se encontra num ambiente pequeno aguardando ser chamado para sua consulta médica?

Nos dias de hoje, nas ruas, restaurantes, *lobbies* de edifícios, cabelereiros e no trânsito à sua frente (travando o trânsito, quando não estão causando acidentes), lá estão pessoas diariamente falando alto em seus celulares, digitando suas mensagens ou surfando na *web*.

Não há dúvidas de que os avanços tecnológicos e a internet móvel nos trouxeram imensos benefícios.
Nem é necessário comentar!
Porém, nosso comportamento social não acompanhou esta evolução. A maioria de nós se comporta de forma autocentrada sem qualquer embaraço ao incomodar o próximo.

Não aprendemos como nos comportar em sociedade utilizando os novos dispositivos colocados à nossa disposição para facilitar nossas vidas.

Em 2011 a Nokia conduziu uma pesquisa para descobrir que tipo de comportamento mais incomoda as pessoas. Enquanto família e amigos tendem a ser condescendentes com nossas falhas, colegas e colaboradores nem tanto. A conclusão desta pesquisa mostrou que o que absolutamente mais nos incomoda quanto ao tal "mal comportamento" são pessoas jogando *games*, assistindo filmes ou ouvindo música sem usar seus fones de ouvido. Regulam seus autofalantes no volume máximo, de forma que qualquer ser vivo, no perímetro de quase 2 quilômetros, possa ouvi-lo. Este foi escolhido o comportamento mais ofensivo por 21,48% dos entrevistados. [8]

O segundo hábito mais desagradável, segundo os entrevistados, também se relaciona a volume: os mal-educados, que falam alto em seus celulares, receberam críticas de 20,89% deles. Um estranho qualquer está andando por um shopping, entrando num café, enquanto mantém uma conversa em volume máximo. Desculpe, não preciso ouvir isso! [9]

Se você está constantemente olhando para a tela de seu *smartphone*, para ver se perdeu alguma chamada ou uma mensagem de texto, saiba:

você certamente está incomodando pessoas a seu redor.

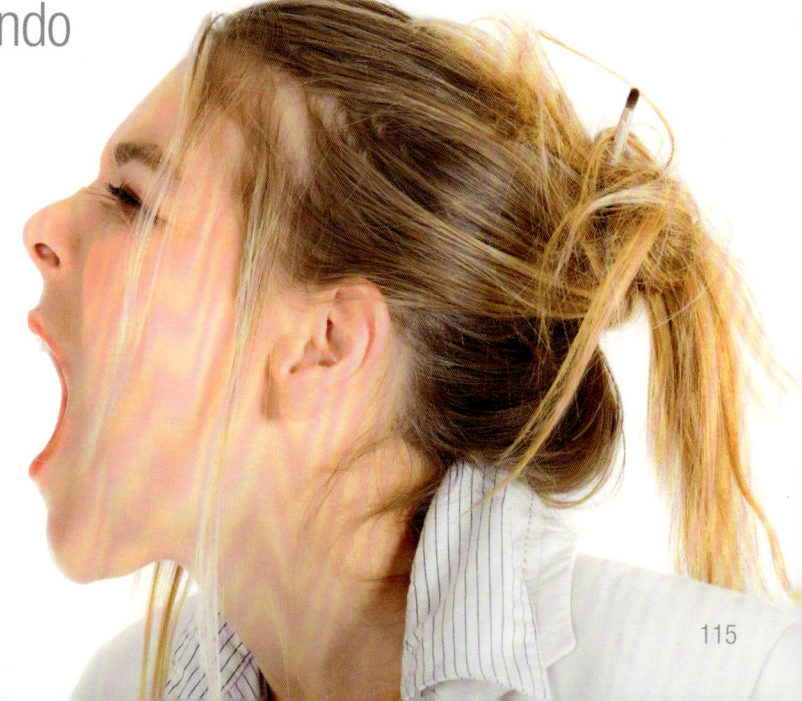

5 Vigilância onipresente

Não é novidade que sentimos uma enorme necessidade de segurança. E para nos sentirmos protegidos, procuramos quem nos vigie, nos proteja; vigiar para cuidar.

Hoje, aparentemente, são as novas tecnologias desenvolvidas para a segurança, não mais as muralhas do castelo, as responsáveis pelo fornecimento da proteção que buscamos contra perigos e riscos diversos, reais e imaginários.

Vivemos numa era de monitoramento, controle, observação e checagem. Esta é a nova era da vigilância onipresente.

A vigilância que falo aqui não se trata da vigilância física que nós, brasileiros, adoraríamos ver nas ruas, como observamos durante a Copa de 2014. Policiais armados em cada esquina, nos protegendo de roubos, violência e assassinatos, temas correntes nas manchetes de jornal deste país.

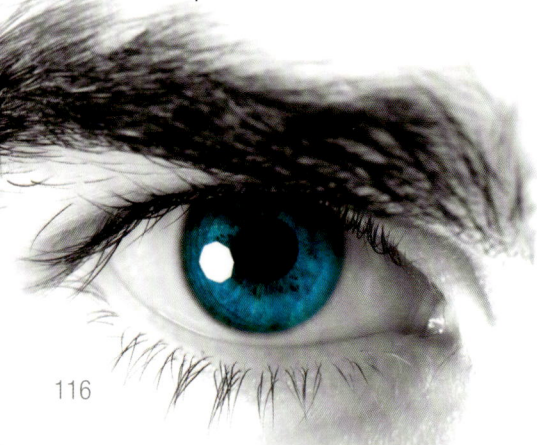

Falo da vigilância a que somos submetidos todos os dias dentro deste universo, que pensamos que conhecemos – mas mal conhecemos –, chamado internet.

A tecnologia voltada para o consumo eletrônico, por exemplo, chegou a tal ponto de sofisticação que a Amazon.com consegue escolher livros para mim melhor que eu mesma! Confesso que fico feliz ao receber seus e-mails com sugestões de leitura sobre assuntos que me interessam, economizando meu tempo de pesquisa numa livraria física (esqueça o prazer da descoberta).

Graças às suas aprimoradas técnicas dos chamados "filtros de personalização", o site utiliza meu histórico de compras e me envia, de tempos em tempos, e-mails com sugestões de leitura que me deixam realmente atraída.

Com isto, faz com que eu gaste meu dinheiro com prazer e, ainda, me sinta agradecida pelas sugestões recebidas.

amazon.com

Este trabalho de coleta de dados pessoais em grande escala, feito por softwares de detalhadas operações gerenciais, nos servem quando personalizam nossos perfis, obviamente com nossa colaboração, e requintam as técnicas de *marketing* em tempos de **web 2.0** e redes sociais.

Porém, ao mesmo tempo que esta nova tecnologia nos parece libertadora, já que seu uso para o consumo nos economiza tempo de busca num universo inundado por informações, sua utilização por sites como Google ou Facebook é limitadora.

Em seu livro *The filter bubble: what the internet is hiding from you* (A bolha de filtros: o que a internet está escondendo de você), Eli Pariser explica que: "Estamos acostumados a pensar na internet como uma biblioteca enorme, com serviços como o Google fornecendo um mapa universal. Mas isso já não é realmente o caso. Sites como Google, Facebook, Yahoo News e The New York Times estão agora cada vez mais personalizados e, com base no seu histórico da *web*, filtram as informações para mostrar a você apenas aquilo que acham que você quer ver. Isso pode ser muito diferente do que todo mundo vê, ou do que precisamos ou desejamos ver.

Sua bolha de filtros é esse universo único e pessoal de informações criado só para você por este conjunto de personalização de filtros. Ele é invisível e está se tornando cada vez mais difícil de escapar." Diante destas informações, se refletirmos melhor, isto não tem nada de libertador! Pense comigo:

Um ente superior – o Google – decide por mim o que devo ver e saber. O Google é o ser onipotente, todo-poderoso de nossos dias?

Em relação à esta questão, Shula Djamal, querida palestrante e amiga, levantou oportunamente um ponto muito importante:

"Estamos sendo privados de informações pelo Google. Ele me impede de fazer uma pesquisa neutra sobre um assunto que eu esteja pesquisando. Serei mesmo obrigada a receber resultados de busca enviesados, levando em conta meu próprio histórico?"

"Se alguém lhe apresenta sugestões baseadas em seus comportamentos passados, seu campo de visão se estreita. É necessário que haja o acaso da descoberta ■"
Matt Rhodes, diretor de estratégia digital da FreshMinds

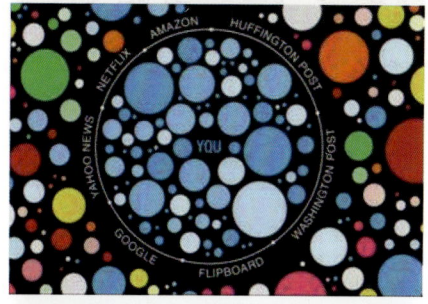

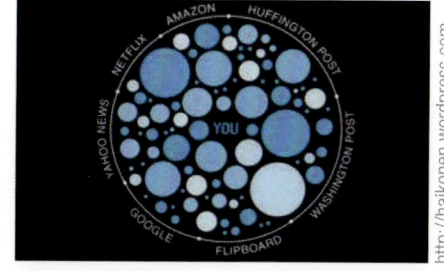

6 Intoxicação digital

Você já ouviu falar em clínicas de desintoxicação digital?

A revista *Business Week* publicou uma matéria, em 31 de Outubro de 2013, com o título "Digital Detox: um retiro tech-free para viciados em internet."

Lá está o caso de Julia Test, uma fotógrafa *freelancer* de 28 anos, que não consegue parar de checar seu Facebook. Seu último relacionamento acabou parcialmente porque ela e seu ex brigavam via textos no lugar de discutir suas divergências cara a cara.

"Não era um relacionamento de longa distância ou coisa assim", diz ela. "É mais fácil dizer algo por meio de um texto do que olhando o rosto de alguém pessoalmente."

Van Cleave, um professor universitário e escritor talentoso, tinha sido despedido do emprego numa prestigiosa universidade e acabou descendo às profundezas do vício da internet. Ele jogava *games* on-line por até 80 horas por semana. Evitava seus amigos da vida real e ignorava sua esposa.

"Eu cheguei longe demais nesta história", diz ele, "e não conseguia perceber como cheguei lá."

Como eles, milhões de pessoas hoje são viciadas em internet.

Para ajudá-las a viver melhor, surgiram recentemente clínicas de desintoxicação digital.

Inacreditável, não?

Foto: Elisabeth Renstrom
para Bloomberg Businessweek;
Emoticon por Steph Davidson

O Digital Detox – Disconnect to Reconnect é uma espécie de sítio da nova era, que oferece uma série de atividades com uma característica comum: a ausência da internet e de dispositivos digitais. Se você se interessou, eles têm *workshops*, retiros, treinamentos corporativos, eventos, palestras e até uma colônia de férias para adultos.

O Camp Grounded, em Anderson Valley (http://campgrounded.org) é a colônia de férias de verão para adultos para desintoxicação digital oferecida pela Digital Detox.
Lá, as atividades são inúmeras, vão de fogueiras ao arco e flecha, shows de talentos ao tricô, observação de estrelas, fotografia, trabalhos em madeira, caminhadas e assim por diante.

Veja como o site do Camp Group se anuncia:

"Vamos ser claros.
Isto não é uma conferência, nem um evento de *networking*.
Não haverá coquetel ou recepção de boas-vindas para que todos possam explicar o que fazem.
Em vez disso, vamos criar uma atmosfera de liberdade pessoal, pensamento criativo, libertação da tecnologia e um espaço do mundo do trabalho onde todos podemos voltar a ser... humanos.
Amizades no acampamento são baseadas em conexões da vida real, e o estado mais importante que vou atualizar é a nossa felicidade."

É mesmo um real afastamento do universo digital e volta a vida aos tempos das relações verdadeiras e tangíveis.

"Esta não é uma conferência. Este é um acampamento de verão."

Até aqui mesmo no Brasil, em São Paulo, a maioria dos acampamentos para crianças e adolescentes proibiu o uso de celular e smartphones durante a estadia. "Colônias de férias de São Paulo tiveram que adotar a regra para evitar que os jovens passassem o dia desconectados uns dos outros…", relatou um artigo na *Folha de São Paulo* em 18 de Janeiro de 2015. Tanto o Sítio do Carroção como o Nosso Recanto (NR) aboliram os dipositivos. Luana é uma estudante que se considera viciada no celular, mas vê benefícios em se desconectar. "Se acordo às 7h, fico até as 11h no *tablet*. Aqui faço tanta coisa nesse horário!"

"O fato é que 2 ou 3 dias de acampamento são suficientes para dar início à 'desintoxicação'. E brincadeiras tradicionais como pular elástico, jogar taco e correr na lama ganham ares de novidade," continua o texto.

Pense em como nossa vida mudou radicalmente em poucos anos. Hoje checar e-mail no banheiro, dormir com o celular ao lado da cama, desenvolver conversas inteiras por Whatsapp são agora nossas ações corriqueiras!

O número de horas que os americanos gastam coletivamente on-line quase dobrou desde 2010, de acordo com a ComScore (SCOR) – empresa de análise digital. Adolescentes de vinte e poucos anos são os mais conectados. Em 2011, Diana Rehling e Wendy Bjorklund, professores de comunicação na universidade de St. Cloud Stat, em Minnesota, pesquisaram seus alunos de graduação e descobriram que **um estudante universitário verifica seu Facebook, em média, 20 vezes por hora!**

Karine Xavier/Folhapress

Por conta disso, já existem pessoas se rebelando contra essa compulsão constante de conexão. Tiffany Shlain, fundadora do *Webby Awards*, é uma defensora da ideia de desconectar-se. Instituiu para si um dia livre de tecnologia por semana e conta que "é o dia mais lento do mundo!" Shlain dá palestras sobre os benefícios de seus "Shabbats de tecnologia."

Na Pensilvânia, Estados Unidos, já foi aberta até a primeira clínica psiquiátrica para viciados em internet. Lá são tratados pacientes diagnosticados com vício severo. A clínica, que fica dentro de um hospital psiquiátrico, oferece um programa de 10 dias de tratamento para estes doentes. [10]

"Estamos muito atrás de outros países no tratamento deste problema", diz Young. "China, Coreia do Sul e Taiwan possuem centros de tratamento. Aqui nos Estados Unidos, as pessoas que precisam de tratamento não tinham para onde ir. Agora, finalmente temos algo a oferecer para elas." [11]

A Coreia do Sul considera hoje vício em internet uma crise de saúde pública. Desde 1994, o governo investiu bilhões em infraestrutura de banda larga e a penetração da web nas residências é de **97%**, *versus* **67%** nos Estados Unidos.

O governo estima que **30%** dos menores de **18** anos, cerca de **2,4 milhões**, estejam em risco.

Para combater o problema, o governo sul-coreano oferece tratamento em cerca de **200** centros de aconselhamento e hospitais, e já treinou mais de **1.000** conselheiros para tratar o vício digital da internet.

Templerstay, Korea – hhtp://www.prevueonline.net

Mas a Coreia do Sul não está sozinha. A China tem mais de **300** centros de tratamento. Funcionários estimam **10 a 14%** dos usuários adolescentes são qualificados como viciados, o que significa cerca de **10 milhões** de adolescentes. (12)

E no Reino Unido, foi aberta a primeira clínica de reabilitação digital para crianças, onde uma desintoxicação digital de **28** dias chega a custar **R$ 60 mil**. Imagine o desespero destas mães e destes pais que concordam em pagar este valor para tentar liberá-los de seu vício. Estas crianças não suplicam por drogas ou álcool, mas não conseguem ficar **1 minuto** sem seus dispositivos digitais conectados à internet. Dentro de um hospital vitoriano, elas lutam contra os demônios deste vício, onde não podem sequer olhar para seus amados "brinquedos".
Psiquiatras que as atendem dizem que algumas ficam agressivas e até suicidas quando seus aparelhos são retirados.

O problema pode parecer pequeno quando comparado com drogas ou álcool, mas não é assim que ele é visto na China, onde há 10 milhões de crianças viciadas em internet.

Um estudo constatou que a enervação do cérebro de adolescentes é interrompida, com sintomas semelhantes aos causados pela cocaína e a maconha.

O psiquiatra dr. Richard Graham concorda. "Na retirada, os viciados experimentam os mesmos sintomas que alcoólatras ou viciados em heroína. Ficam ansiosos e agitados. Não é uma situação confortável." (13)

Espera-se que a doença do vício pela internet seja reconhecida pelos sistemas de saúde. O resultado seria mais diagnósticos e governos providenciariam um maior número de tratamentos.

"Lembrem-se," conta Young, psiquiatra da clínica da Pensilvânia, "quando Betty Ford admitiu pela primeira vez que era alcoólatra, não existiam pessoas acreditando que este era realmente um problema até que ela decidiu falar sobre ele. Nossa clínica é um lugar para as pessoas virem pedir ajuda, e que, esperamos, venha a ajudar a todos a parar de levar o vício da internet de forma tão suave."

E, como para tudo na vida, *"there's an app for it"* ("existe um aplicativo para isto") também. Seja abençoado o programador que ironicamente projetou um aplicativo (para Android) que ajuda você em sua desintoxicação digital. Ele desliga seu celular de forma irrevogável por um período de tempo predeterminado (de trinta minutos a um mês) para lhe ajudar a manter sua promessa.

Que tal?

TRAVEL+LEISURE
SOUTHEAST ASIA

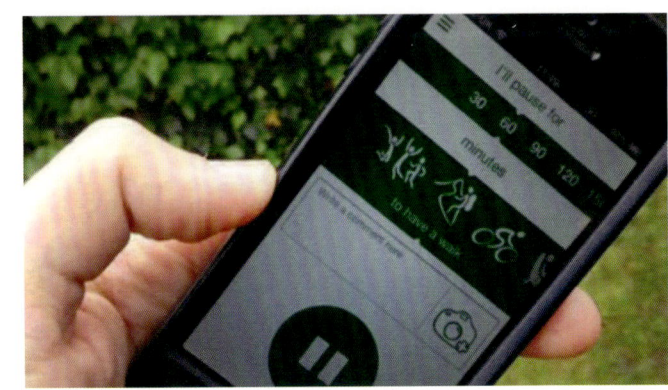

The Guardian da Polidea, para quer reconectar as pessoas ao mundo real.

O assunto está tão em evidência no momento que a famosa revista de turismo norte-americana *Travel+Leisure*, edição sudeste da Ásia, publicou uma matéria, em junho de 2014, intitulada:

5 PLACES FOR A DIGITAL DETOX
June 10, 2014

com sugestões de retiros em
Kerala (India), Beijing (China), Hua Hin (Tailândia), Fethiye (Turquia) e Koh Totang (Cambodia)

E você? Já está preparando suas malas?

PARTE

2

As 5 ondas para pegar desde o início

Primeira onda
A sociedade racional e a sociedade intuitiva/emocional

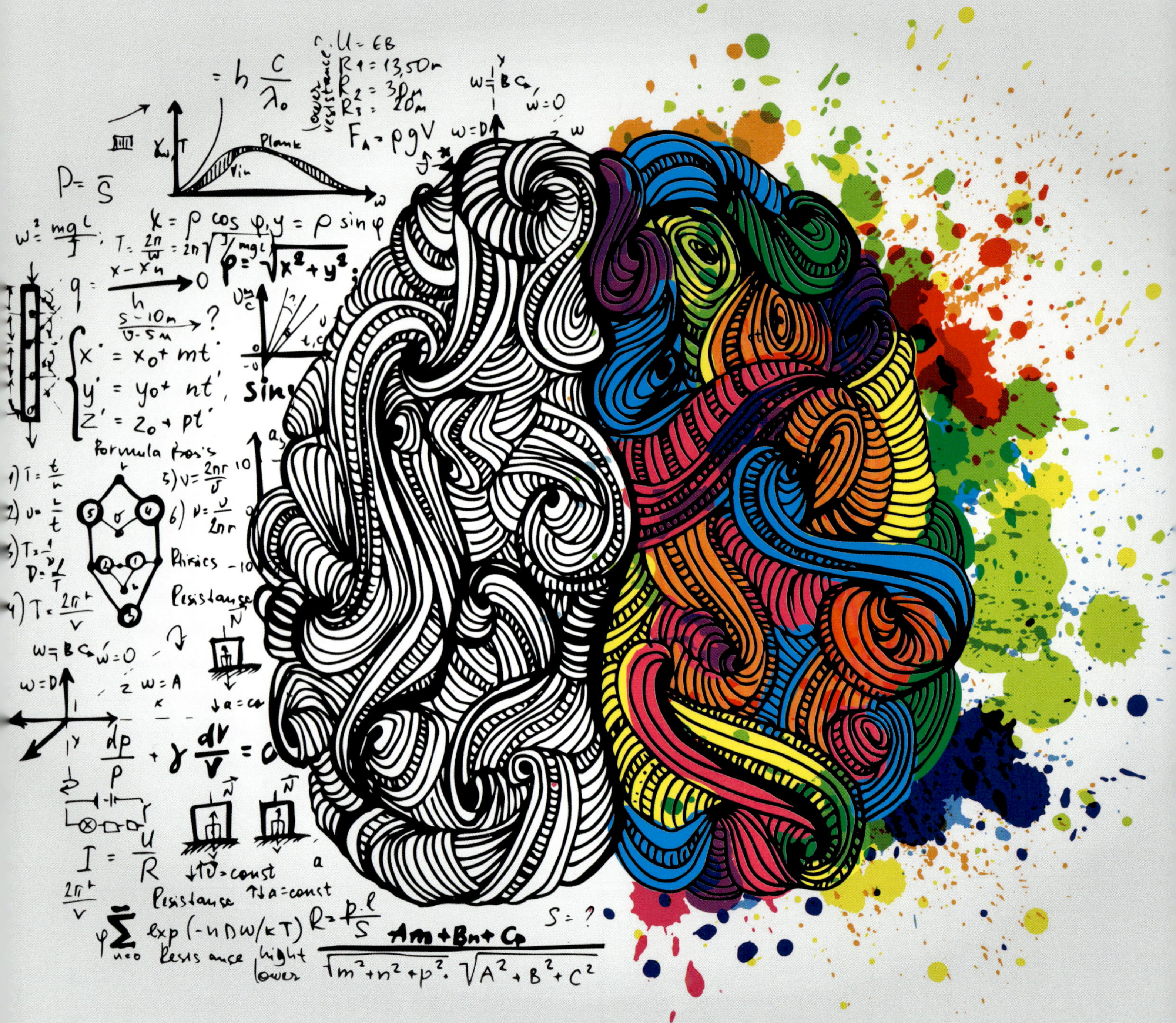
Plank
I = U/R
Am + Bn + Cp
S = ?

"A mudança é lei da vida. Aqueles que apenas olham para o passado ou presente estão fadados a perder o futuro."
John F. Kennedy

"As últimas décadas pertenceram a uma espécie de pessoa que possui um certo tipo de mente: programadores com capacidade de desenvolver códigos ou advogados capazes de criar contratos. Mas as chaves do reino estão mudando de mãos. O futuro pertence a um gênero bem diverso de pessoa, com um perfil muito diferente de mente – criativos, criadores de empatia, reconhecedores de padrões e criadores de significado. Estas pessoas – artistas, inventores, designers, *storytellers*, cuidadores, consoladores e pensadores do grande cenário – irão agora receber as mais ricas recompensas da sociedade e compartilhar suas maiores felicidades."

Esta afirmação categórica foi feita por Daniel Pink, autor que já vendeu 2 milhões de livros em 34 línguas. O futuro dos negócios globais pertence aos "cérebros-direitistas", aqueles que possuem características controladas pelo lado direito do cérebro, como intuição, visão, sentimentos etc.

Hoje, nos Estados Unidos, o diploma mais valorizado na área de negócios é o de MFA, *Master of Fine Arts* – Mestrado em Belas Artes. "O MFA é o novo MBA", afirma Pink.

Por quê?

As principais razões para esta grande mudança são duas:

1 Aqueles trabalhos que profissionais americanos com diplomas de MBA costumavam fazer são hoje terceirizados para fora dos EUA – Índia, por exemplo – por conta do novo poder que tem o cidadão comum conectado à internet.

2 Líderes empresariais reconheceram que o maior diferencial competitivo que podem agregar a seus produtos é que sejam "fisicamente bonitos e estimulantes emocionalmente."

Numa reunião de acionistas da GM, o vice-presidente Bob Lutz – atualmente aposentado – comentou:
"Temos agora na GM uma boa compreensão de que não se pode administrar o negócio com o lado esquerdo, o lado intelectual e analítico do cérebro. É necessário que se utilize em grande quantidade o lado direito, o *input* criativo. Estamos no negócio das artes e do entretenimento e destinamos hoje grandes esforços em design de primeira linha."

O interessante é que quem faz esta declaração é um ex-militar septuagenário, que diz que tentou gerir a empresa de forma apenas racional e analítica – lado esquerdo do cérebro – e não funcionou. "Temos que passar a geri-la usando criatividade, sentimento, visual e intuição –o lado direito do cérebro." Lutz sempre foi uma figura importante na indústria automobilística e quando a GM passa a estar no negócio das artes, toda a indústria está também!

Foto: Joe Nuxoll – http://www.motorauthority.com

car-auto-cars-supercar.blogspot.com

Profissões

Você se lembra de quais eram as únicas profissões valorizadas há poucas décadas? Se você não era ainda nascido, observe as profissões de seus pais, tios e seus amigos.

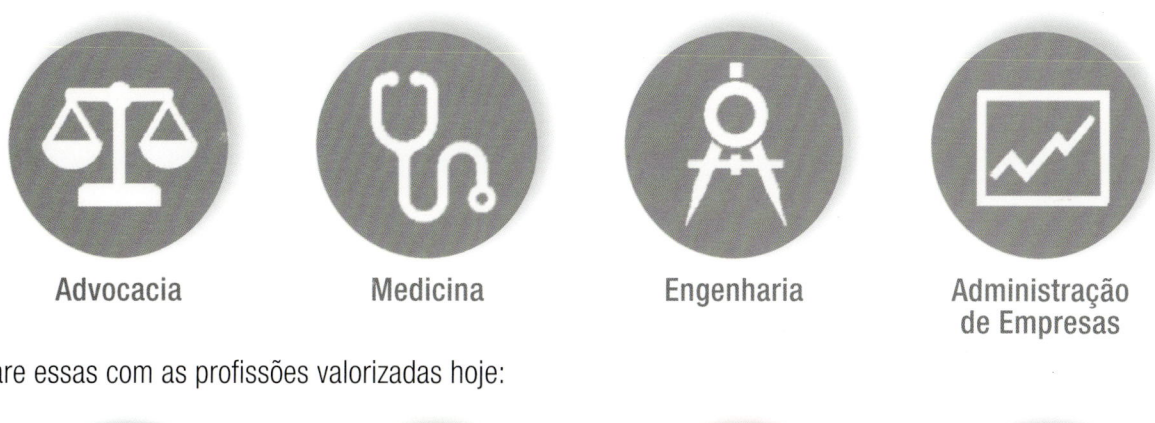

| Advocacia | Medicina | Engenharia | Administração de Empresas |

Compare essas com as profissões valorizadas hoje:

| Estrategista de Mídia Social | Especialista em Meio Ambiente | *Chef* ou *Restaurateur* | *App Developer* |

Ainda posso adicionar: o criativo e o *planner* das agências de comunicação, o designer de produtos, o fotógrafo, o designer gráfico e uma série de outras atividades que nem existiam poucas décadas atrás.

Com certeza, houve um grande movimento nas profissões escolhidas hoje e valorizadas no mercado. Valorizadas porque os próprios empregadores procuram contratar talentos que possuem tipos de habilidades que privilegiam o lado direito do cérebro, capacidades que não podem ser terceirizadas para países que ofereçam mão de obra mais barata e que nem podem ser automatizadas e substituídas por robôs. No fundo, estes tipos de talento fazem o que amam. Pense, por exemplo, num designer. Uma pessoa não escolhe ser designer pensando em ficar milionário, mas por amor ao tipo trabalho a que se dedicará.

Estamos vivenciando uma grande e importante transformação, que muitos ainda não se deram conta.

Abaixo da superfície, uma potente e profunda força submersa já atua nos dias de hoje:
O crescimento da criatividade como motivador fundamental que está remodelando nossa economia, geografia, trabalho e estilo de vida.

Com isto, nasce e cresce uma nova classe social, a Classe Criativa. [1]

Como a criatividade é a força motivadora responsável pelo crescimento econômico, a Classe Criativa se tornou a classe dominante em termos de influência.

Vivemos uma profunda transformação de visão de mundo, estilo de vida e valores!

Foto: Lucia Griggi – http://bluerapture.eu

Linked in™

No final de 2011, a rede social profissional Linkedin relatou que a palavra mais utilizada por seus membros para descrever a si mesmo foi "criativo".

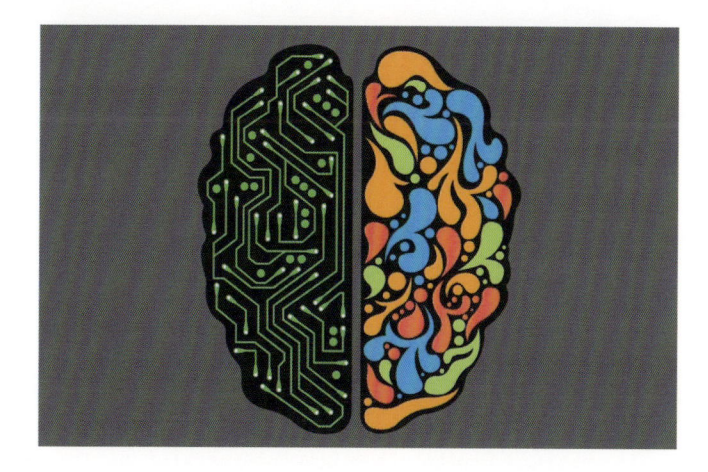

"A criatividade passou a ser valorizada porque vem sendo cada vez mais reconhecida como fonte do fluxo de novas tecnologias, indústrias, riqueza e outras áreas que afetam a economia. Como resultado, repercute um *ethos* criativo em nossas vidas e em nossa sociedade", diz Richard Florida. [2]
Nos Estados Unidos, esta nova classe criativa já representava um terço da força de trabalho em 2014 e o número de trabalhadores que pertence a esta tal categoria globalmente só tende a crescer.

Em 2012, esses indivíduos somavam 300 milhões de trabalhadores, o dobro do número estimado em 2005. [3]

Esta força se manifesta visivelmente em outras áreas da economia, não apenas na mão de obra especializada.

Você já ouviu pessoas comentarem que "comprar coisas não lhes traz mais a mesma satisfação que lhes trazia no passado"?

Tenho notado uma mudança no comportamento de consumo e acredito que ela deva se acentuar nos próximos anos, quando aumentar a participação no mercado de trabalho e de consumo da geração Y.

A sociedade vem demonstrando um sentimento maior de satisfação usando seu dinheiro para comprar experiências significativas em vez de simples produtos.

O futurista e caçador de tendências inglês James Wallman cunhou uma nova expressão: *Stuffocation*. Trata-se de uma aglutinação das palavras em inglês *stuff* – coisas – e *suffocation* – asfixia. Para ele, esta é uma das maiores aflições por que passa a sociedade moderna.

A busca de recuperação desta tal "asfixia", causada pelo excesso de materialismo, vem acontecendo e o primeiro passo é reconhecer que "mais coisas não significa mais felicidade ■"

Um novo *mindset*

Muitos já encontram uma solução para esta aflição moderna, substituindo "comprar" por "fazer".

Do físico (materialista) → Para o metafísico (experimental)

Fazer o quê?

Fazer parte de uma experiência relevante como, por exemplo, uma viagem significativa.

Uma pesquisa do psicólogo Thomas Gilovich mostrou que viajar traz mais felicidade do que comprar bens materiais pelas experiências individuais que temos quando viajamos. Ou seja, fazer coisas em vez de comprar coisas nos deixa mais felizes. [4]

Vivemos um momento de afastamento da cultura materialista e de aproximação da cultura do experimentalismo.

Veja este exemplo: uma grande amiga minha voltou de uma viagem pela China e o que ela demonstrou mais entusiasmo em contar foi sobre suas experiências e vivências: uma refeição na casa de um casal idoso num subúrbio de Pequim, que não falava português, nem inglês e que jamais havia recebido estrangeiros em sua residência; uma demonstração de preparo dos típicos pastéis cozidos chineses, feita por uma senhora de idade que, também, só falava chinês e se comunicava através de gestos. Não me deu detalhes sobre as lindas peças de seda chinesa e cashmere da mongólia que comprou. Foram as experiências significativas que fizeram de sua viagem uma vivência inesquecível e duradoura.

Tenho ouvido relatos de conhecidos sobre um inspirador passeio de balão ao amanhecer na Capadócia, Turquia, *tours* de bicicleta pela região de Bordeaux, onde se sente os diversos aromas das plantações nas estradas vicinais, apreciando as vinhas, as caves e degustando os mais diversos sabores de vinhos, viagens para apreciar vistas deslumbrantes nos glaciares da Patagônia, e assim por diante. Todas estas experiências são libertadoras e enriquecedoras e guardamos suas memórias para o resto de nossas vidas.

Foto crédito: http://www.turkeyeasytravel.com/d-balloontourcappadocia.htm#all

Pesquisas revelam que aproximadamente **40%** da classe alta nos Estados Unidos e na Europa preferem passar o fim de semana no conforto de uma ilha em vez de exibir-se com um novo produto de luxo.[5]

É difícil dizer quando tudo isto começou. Em 1970, **80%** das pessoas viviam uma vida materialista, mas hoje este número caiu para **50%**. Enquanto isso, o setor de experiências de luxo cresce sem parar. Chris Goodall, ex-consultor da McKinsey e professor de economia em Harvard, concluiu, analisando sua pesquisa iniciada em 2013, que estamos vivendo uma era de "desmaterialização". E que o conhecimento de que experiências são mais eficientes em nos trazer felicidade do que bens materiais, conferindo a nós identidade e significado em nossas vidas, irá mudar a maneira como tomamos nossas decisões. [6]

Esta mudança de comportamento faz parte da grande transformação que Ronald Inglehart, cientista político, chamou de "a transição do materialismo para o pós-materialismo", uma mudança de valores que vai além de atender as necessidades imediatas. Os novos valores enfatizam pertencimento, autoexpressão e qualidade de vida. [7]
Inglehart chama esta grande mudança de "Revolução Silenciosa".

Percebo hoje uma diminuição na compra de mercadorias como forma de preenchimento interior.

Obviamente, o apetite pela compra de bens de consumo não irá desaparecer, mas constato uma forte metamorfose nas atitudes da sociedade: do "ter" para o "vivenciar e ser" na busca da satisfação. A culinária passou a fazer parte da vida de jovens e *baby boomers*, assim como a degustação de vinhos se transformou numa atividade importante. Associadas a estas novas atividades, surgiram grandes oportunidades de negócios em todo o mundo e um bom exemplo disso é a quantidade de lojas especializadas em vinho que se proliferam pelos centros urbanos aqui e no Exterior. Ou as lojas para o indivíduo *gourmet*, onde se encontram uma enorme variedade de produtos, importados ou não, para que se vivencie esta experiência equipado com tudo do bom e do melhor.

Instituições de ensino para adultos, que oferecem cursos com temas diferenciados, vivem com suas turmas lotadas. A Casa do Saber, uma sociedade entre Jair Ribeiro, Maria Fernanda Cândido, Celso Loducca, Mario Vitor Santos, Luiz Felipe d'Ávila, Gabriel Chalita e Pierre Moreau, que se autointitula centro de debates e disseminação do conhecimento, oferece cursos como "A filosofia e a invenção de si mesmo", "Quem somos nós", "A felicidade para além da autoajuda: psicologia e neurociência da boa vida" e "A experiência de Robert Mondavi Winery: uma conversa em inglês seguida por degustação de vinhos." A Casa do Saber completou 10 anos em abril de 2014.

radardecoracao.com.br

Foto: Fernando Carvalho – http://inteirados.blogspot.com.br

"Chegamos a esses 10 anos de uma iniciativa que acreditávamos que, na melhor das hipóteses, duraria 2 anos", conta Mario Vitor Santos, diretor-executivo e sócio da empresa.

"O sucesso da Casa indica que existe uma sede muito grande por conhecimento, desde que ele seja tratado com seriedade e apresentado com consistência."
Mario Vitor Santos

Com o intuito de entender melhor esta onda, em agosto de 2014, conversei com Mario Victor Santos, sócio e diretor da Casa do Saber, e com Alexandre Cymbalista, um dos sócios da Latitudes – Viagens de conhecimento.

Mario Victor Santos – Casa do Saber:

"Em **2004** foram **68** cursos ofertados. Tivemos um aumento de quase **400%** ao longo destes **10** anos. Hoje, o número de cadastros únicos em nosso sistema é de **31.105** alunos.

O maior público da Casa do Saber está na faixa dos **30** aos **50** anos, é feminino (as mulheres são menos fúteis, na contramão do estereótipo), e composto por profissionais liberais e empreendedores que buscam informações e conhecimentos em áreas que são distintas das áreas em que atuam profissionalmente. São pessoas, portanto, que estão buscando o saber pelo saber."

Alexandre Cymbalista – Latitudes

"Desde sua inauguração, em **2003**, a agência tem crescido ao redor de **30%** por ano nos últimos **11** anos. Acreditamos numa tendência de crescimento de ao menos **15%** para os próximos **5** anos.

Os destinos mais procurados são Índia, Tailândia, Camboja, Vietnã, Myanmar, Japão, China e Turquia.

Constato uma tendência clara nos nossos clientes em buscar a viagem-experiência em vez de "colecionar" artigos tangíveis de luxo. Diria que há uma preocupação mais de 'ser' do que 'ter'."

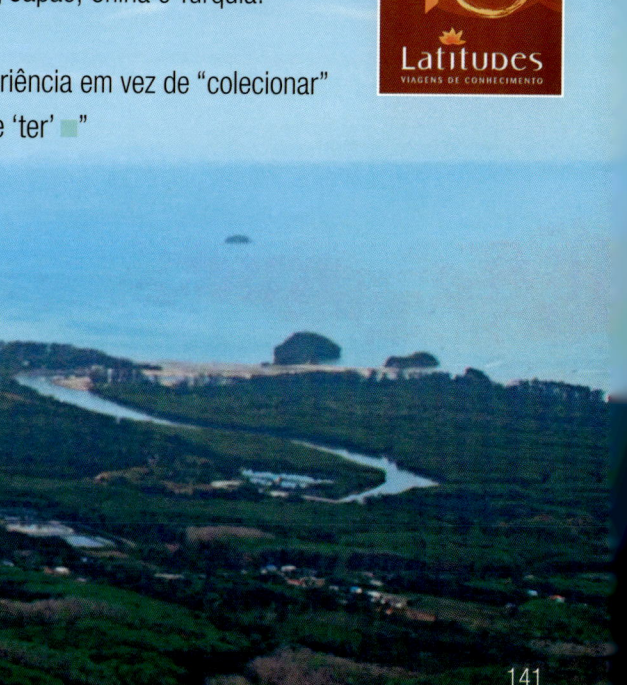

Segunda onda
A era da imagem: você fala a linguagem visual?

http://www.fastcompany.com

Uma imagem vale mais que mil palavras

> **5-7 SECOND STORYTELLING** 👍
> **LONG SOCIAL MEDIA VIDEOS** 👎
>
> "The biggest social media trend will be 5-7 second storytelling — clickable videos, Vine, and animated Gifs all use small pieces of moving media to tell a story quickly."
>
> **REBECCA SWIFT**
> *Head of Creative Planning,*
> *iStock*
> *London, UK*

http://www.gettyimagessites.com/iStock-infographics/Hot-or-Not_Web_and_Graphic_Design_Trends_2014_Infographic_iStock.pdf em 10/07/2014

Uma onda muito forte e de grandes proporções está se espalhando rapidamente por todo o planeta e transformando uma cultura que por séculos dominou o mundo em que vivemos.

A imagem desbancou a palavra.

Como assim?

Este fenômeno fica extremamente evidente nos dias atuais em toda a comunicação. Anúncios que costumavam ser descritivos em meados do século XX, hoje mostram apenas uma imagem.

Veja como se vendia um sabão em pó em 1957 e como se anuncia uma liquidação nesta década ■

http://www.propagandashistoricas.com.br/2013_05_01_archive.html

http://www.adme.ru/tvorchestvo-reklama/reklamnye-kampanii-harvey-nichols-glamur-umeet-nad-soboj-smeyatsya-23189/

Um breve histórico

Até hoje, as palavras sempre foram "os blocos de construção da vida". Você é, agora, o resultado das palavras que você ouviu, leu e acreditou. Aquilo que você irá se tornar no futuro, irá depender das palavras que você acredita sobre si mesmo, hoje. Pessoas, famílias, relacionamentos e até mesmo nações são construídos a partir de palavras. Sempre foi assim. [1]

A palavra escrita foi responsável pelas primeiras transferências de informações entre pessoas distantes e entre as gerações. A escrita e a leitura tiveram extrema importância na História, e aqueles que tinham acesso a elas pertenciam a uma classe muito privilegiada.

Na Antiguidade, por conta das dificuldades de publicação, os autores dos textos liam suas obras escritas em rolos de papiro para ouvintes interessados. Na Grécia, a leitura e a escrita eram restritas aos filósofos e aristocratas e em Roma a escrita tornou-se uma forma de garantir os direitos dos patrícios – os aristocratas da República Romana – às propriedades.

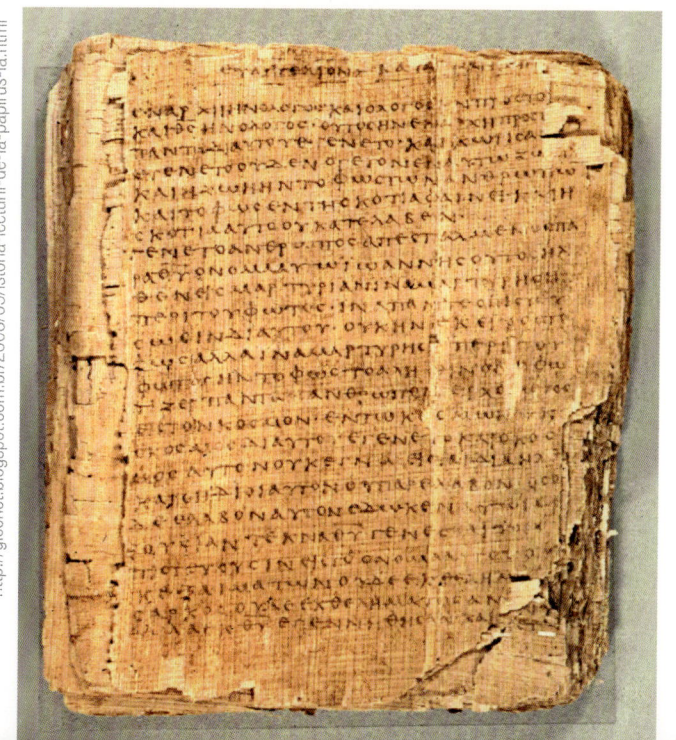

Na Idade Média, a Igreja, através de seus mosteiros e abadias, monopolizou o conhecimento convertendo-se no único centro da cultura letrada e oferecendo as únicas escolas e bibliotecas da época. Exceto os membros da Igreja, pouquíssimas pessoas eram alfabetizadas ou tinham acesso às obras escritas. Por isso, muitos mosteiros medievais preservavam bibliotecas inteiras que continham grandes obras do mundo clássico e oriental. Se você leu *O nome da rosa*, de Umberto Eco, ou assistiu o filme de 1986, lembrará da história que retrata muito bem estes valores da época.

Numa sociedade como esta, onde a ignorância era generalizada, a igreja detinha 2 instrumentos indispensáveis: a leitura e a escrita. Os reis não tinham outra alternativa a não ser recrutar no clero seus chanceleres, secretários e funcionários burocráticos para atender qualquer necessidade de cultura e informação.

O monopólio da Igreja só iria perder sua força em 1455 com a invenção da imprensa por Gutenberg, o evento mais importante do período moderno.

A imprensa de Gutenberg mudou o rumo da produção e transmissão do conhecimento. Com ela acabou o monopólio da informação e o conhecimento passou a ser divulgado para um grande número de pessoas de uma só vez. A cultura passou a ser, então, propagada.

O conceito de que aculturar-se é fundamental para o desenvolvimento das sociedades foi tão difundido que hoje quanto mais desenvolvido é um país, maior é o seu índice de profissionais graduados e mais baixo é seu índice de analfabetismo.

en.wikipedia.org Featherbed Alley Printshop Bermuda leaddite.wordpress.com

A escrita e a literatura passaram a ser altamente valorizadas na Idade Moderna por fornecer à sociedade princípios que orientam a vida de seus cidadãos e por desenvolver sua imaginação. É lendo que as pessoas compreendem a vida e enxergam suas diferentes facetas. É lendo que encontram as bases de informação, pesquisas de cientistas renomados e descobertas inovadoras. É lendo que viajam a terras desconhecidas e que existem, às vezes, apenas em sua imaginação. Foi a palavra escrita que exprimiu sentimentos dos maiores novelistas e poetas e levou nossas mentes a universos jamais visitados ■

Século XIX e XX e a escrita

No final do século XIX, com a invenção da telefonia fixa por Alexander Graham Bell, verificou-se a primeira grande mudança desde que a palavra escrita foi introduzida como elemento imprescindível de transmissão de informações para longas distâncias.

O telefone foi o primeiro dispositivo da história que permitiu às pessoas usarem a palavra falada para comunicar-se diretamente, uns com os outros, através de grandes distâncias.

No início do século XX, quando o rádio passou a ser usado como meio de comunicação de massa, mais uma vez a palavra escrita perdeu terreno.
Em 1934 quase 600 estações de rádio transmitiam para mais de 20 milhões de lares nos Estados Unidos. [2]

Telefones rapidamente se tornaram indispensáveis para os governos, empresas e famílias.

O próximo declínio aconteceu com a chegada da televisão e o aparecimento das grandes redes de TV, que realmente transformaram a vida das pessoas. O rádio trouxe notícias e informações de todo o mundo para dentro dos lares. Já a TV passou a apresentar performances de artistas talentosos para a massa, privilégio disponível até então apenas para a elite, frequentadora de teatros e de salas de concertos

As imagens passam a substituir a imaginação dos textos escritos.

Inicia-se aí uma nova cultura que vem para ficar.

images.fanpop.com

Século XXI

Com o crescimento de nossa presença em redes digitais interconectadas e com o advento da globalização, os jornais em papel começam a perder importância. Surgem os blogs. A blogosfera se alastra pelo planeta e os textos diminuem significativamente de tamanho. Qualquer pessoa se transforma em jornalista amador, com ou sem qualificação. E os textos escritos em blogs passam a definir o tamanho limite da nossa paciência para ler. E não demora muito para aqueles textos passarem a ser longos demais para o tempo que parece termos disponível. Os blogs se transformam em leitura para poucos. Surgem as redes sociais e, em especial, o Facebook. Que maravilha! Podemos agora compartilhar pequenos textos com nossos "amigos" e precisamos ler somente algumas linhas que postam.

Com esta percepção em mente, Jack Dorsey lança o Twitter em 2006, rede social na qual o usuário pode digitar até 140 caracteres. Dorsey teve um grande *insight* e entendimento do anseio das pessoas e o Twitter ganha, logo após seu lançamento, imensa popularidade em todo o mundo.

Em outubro de 2010, Kevin Systrom e Mike Krieger, percebendo o crescimento desta onda submersa, lançam o Instagram, rede social on-line de compartilhamento de foto e vídeo. Sua popularidade cresceu tão depressa que em abril de 2012 ele já tinha mais de 100 milhões de usuários. [3] Um espetáculo! Agora, não preciso ler nem digitar nenhuma palavra, se quiser.

E assim, com estas redes,

| Instagram | YouTube | Pinterest | Vine | Snapchat |

a linguagem visual substitui o texto.

Em dezembro de 2013, 44% dos jovens de 18 a 24 anos que usam a internet, acessaram o Snapchat nos Estados Unidos. Diferente de outras redes sociais visuais, o apelo do Snapchat é a natureza efêmera do seu conteúdo de mensagens de foto, que ficam disponíveis aos espectadores por apenas 10 segundos antes de desaparecerem.
O Vine, ainda mais recente, introduziu um novo gênero de conteúdo de vídeos curtos e compartilháveis. A plataforma, que pertence ao Twitter, já possuía 100 milhões de visitantes por mês – dado de outubro de 2014 – 40 milhões de usuários e 12 milhões de vídeos uploaded por dia. [4] Números impressionantes para uma plataforma com 1 ano de idade!

Como consequência,

o hábito de ler, e as habilidades verbais que adquirimos com ele, perdeu tremendamente sua força ao mesmo tempo que cresce o interesse pela imagem.

As pessoas estão lendo menos.

Nos Estados Unidos, uma pesquisa da Pew Research Center, de janeiro de 2014, revelou que quase um quarto dos adultos não havia lido um único livro no ano passado. Esse número de não leitores quase triplicou desde 1978...

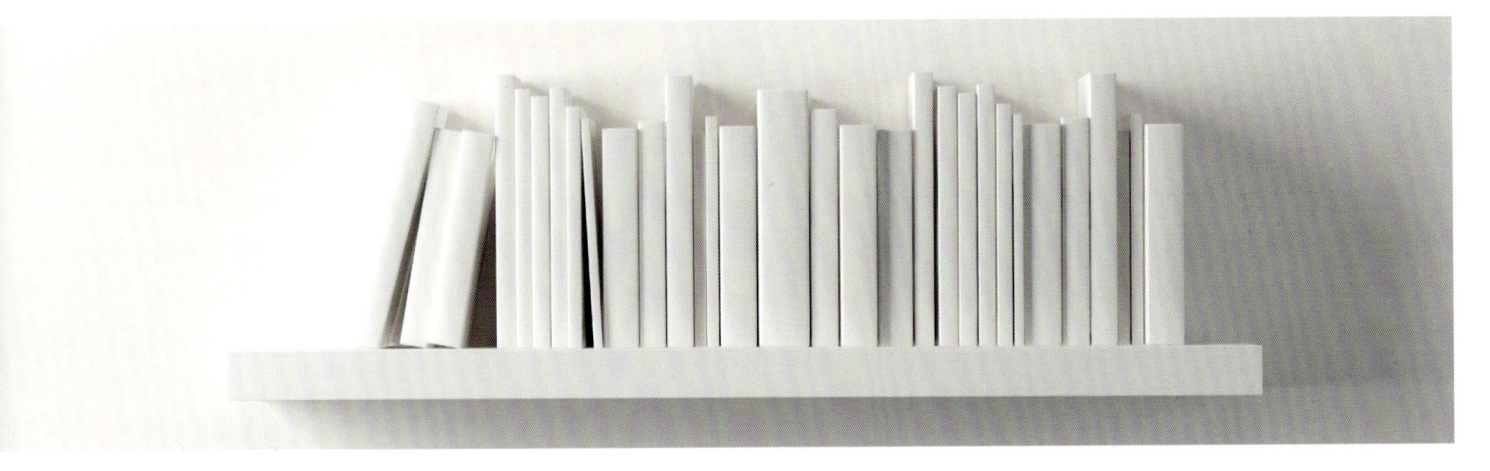

O brasileiro também está lendo menos.

A matéria da revista *Veja* "Hábito de leitura cai no Brasil" mostra, de acordo com o levantamento nacional da pesquisa *Retrato da Leitura no Brasil*, divulgada em **2012**, que o número de brasileiros considerados leitores – aqueles que haviam lido ao menos uma obra nos 3 meses que antecederam a pesquisa – caiu de **95,6 milhões** em **2007**, para **88,2 milhões**, em **2011**. [5] E **70%** dos brasileiros não leu um único livro em **2014**, segundo pesquisa da Fecomércio-RJ.

Já o jornal impresso está em declínio desde o ano **2000**. Para vocês terem uma ideia, naquela época a *Folha de São Paulo* vendia **471 mil** exemplares por dia. Em **2013** esse número não passou de **294 mil** exemplares por dia. O *Estadão* caiu de **366 mil** para **232 mil** exemplares em **2013**. E *O Globo*, do Rio de Janeiro, que vendia **336 mil**, caiu em **2013** para **267 mil**. [6]

Estes são dados brasileiros, mas a queda dos números de circulação evidenciam a crise vivida pelos jornais diários no mundo todo. Nos países desenvolvidos, grandes jornais simplesmente fecharam suas portas.

"Estamos criando uma geração que não tem interesse algum em leitura, leem apenas o que é exigido na escola", comenta Daniel Kevles, professor de humanas na Caltech, Instituto de Tecnologia da Califórnia, nos Estados Unidos.

"Eles não leem jornais ou revistas", continua, "sinto uma falta geral de interesse nos assuntos do governo e da vida pública entre os meus alunos." [7]

O magnata da imprensa internacional, Rupert Murdoch, certa vez descreveu os lucros decorrentes do seu império de jornais como "rios de ouro." Anos depois Murdoch reconheceu que, "às vezes, o rio seca". E completou: "Não conheço ninguém com menos de 30 anos que tenha consultado alguma vez um classificado de jornal." [8]

"Se a TV a cabo, a transmissão por satélite e a internet tivessem aparecido antes, os jornais como os conhecemos provavelmente nunca teriam existido."
Rupert Murdoch

www.independent.co.uk

Além do desinteresse por longos textos e a consequente diminuição na tiragem dos jornais, o pior golpe que essa indústria sofreu neste século foi o enorme declínio no investimento em publicidade. Enquanto isso, há cada vez mais verbas sendo destinadas aos meios digitais ■

Design
Design de produtos

Dê uma olhada com calma a sua volta e perceberá que tudo, absolutamente tudo que o rodeia, passou pelo design. A cadeira em que você está sentado, a mesa onde você se apoia, o computador onde você trabalha, o site onde você encontra o que procura na internet, a apresentação que você acaba de preparar para seu diretor, a roupa que você veste, o interior da casa onde você mora, o edifício onde fica seu apartamento, as ruas de sua cidade e assim por diante. O design molda nossa vida e nosso dia a dia, através dos objetos, roupas, ambientes e visuais com que nos relacionamos. Afeta nosso humor, nos dá aconchego e nos ajuda a expressar quem somos.

O design nas empresas:

"Respeito mais as empresas que têm um vice-presidente de design do que um de marketing."

Philip Kotler, ph.D. de marketing da Kellogg School of Managementda Universidade Northwestern[9]

O design de produto é tão importante para Kotler que ele deu um exemplo curioso. Sua esposa sugeriu que comprassem uma Harley-Davidson. O objetivo? Colocar a moto na sua sala de estar como peça de decoração. "Eu pedi uma moto sem motor ao vendedor", brincou ele.

Mas este é apenas um exemplo de como a Harley-Davidson cria com a ajuda do design. A marca também desenvolve relógios, jaquetas e até barbas para quem quiser incorporar o estilo Harley. Isto mostra o poderosíssimo imaginário do consumidor construído pela marca.

Outra marca focada no design é a Swatch. "Tudo nesta marca gira em torno do design. Eles transformaram o relógio num objeto fashion e colecionável", explica o professor.

http://www.jem.sg

Na verdade, a Swatch trabalha muito bem com o emocional de seu consumidor porque sabe ouvir as ruas. Neste mundo da tecnologia, o contato emocional com os consumidores passou a ser essencial. A tecnologia e tudo o que é digital possui uma conotação "fria", distante do ser humano. O design acrescenta personalidade e um toque humano ao produto, serviço ou experiência e permite que o comprador identifique-se com ele.

Não é apenas Philip Kotler, considerado pelo Management Centre Europe "o maior dos especialistas na prática do marketing" e autor de 55 livros sobre o assunto, que reverencia o design. O guru Tom Peters, palestrante e autor de várias obras inovadoras na área de gestão de empresas, também dedica parte de sua obra, artigos, livros e palestras a valorizar o design. Para Peters, o design é a alma da empresa. Ele acredita que

"o design (por si só) é a razão principal pelo apego emocional (ou desapego) a um produto, serviço ou experiência."

O design está em alta. E muito! Queremos produtos de bom design até para colocar em nossos banheiros e cozinhas. Veja esta colher de sorvete, da marca suíça Zyllis, que é linda, colorida e muito funcional. Quem não quer ter uma?

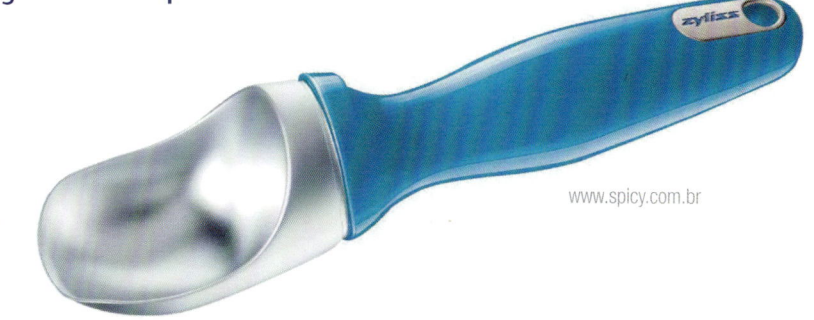

www.spicy.com.br

A Gillette é uma marca que entende perfeitamente como esta onda é forte e veio para ficar. Em 1998 ela lançou o Mach3 e reinventou o barbear do homem com um produto completamente inovador e único. Não por acaso, esse projeto custou à empresa mais de 750 milhões de dólares, [10] o equivalente a 1 bilhão de dólares no final de 2014.

1 bilhão de dólares! Uau![11]

www.rasierer-tests.com

Naturalmente, o retorno que este produto gerou à empresa foi exponencialmente maior que o investimento. O design levado a sério é um grande diferenciador estratégico de produtos, serviços ou experiências.

O design passou a ser muito desejado!

Você pensaria em comprar esta torradeira Volo, da marca italiana Bugatti, que custa no Brasil aproximadamente R$1.400,00? Por que pagar caro se ela faz torradas como qualquer outra que custa menos de um décimo deste valor? Essa torradeira estará em uso no máximo 15 minutos por dia, o que quer dizer que os restantes 1.425 minutos serão destinados à exposição: trata-se de um objeto de design, que diz muito sobre a pessoa que o comprou! Recolocando:

apenas 1% do tempo será dedicado ao uso e 99% à exposição do design e ao significado gerado por ele.

O design passou a ajudar as pessoas a expressarem sua identidade. As roupas que usamos, os objetos que portamos e os automóveis que dirigimos dizem muito sobre quem somos!

Gosto deste tipo de design e através dele me conecto com pessoas que também gostam disso.

A marca Jeep entende melhor que muitas como utilizar este conceito. Leia o manifesto que consta em seu site:

"Não é um mero veículo. É mais que isso.
É uma expressão pessoal, uma declaração de um estilo de vida aventureiro, uma experiência.
É uma representação simbólica de um indivíduo extrovertido e de atitudes ousadas ∎"

Design arquitetônico

Uma onda que vem se movimentando paralelamente e com a mesma força do design de objetos é a transformação da arquitetura em arte visual. Nunca se viu tantos edifícios que mais parecem esculturas como hoje.
Veja estes projetos de renomados e premiados arquitetos.

Metropol Parasol – Plaza de la Encarnacion Seville – J.Mayer H. Architects
andaluciainside.com

Museu de Bilbao, Bilbao, Espanha – Frank Gehry
nonsoloturisti.it

Centre Pompidou Metz, France – Shigeru Ban (Pritzer 2014)
www.archdaily.com

Fondation Louis Vuitton, Bois de Bologne, Paris (2014)- Frank Gehry
affloripa.com.br

Para estas edificações deslumbrantes, a "função segue a forma", ao contrário da máxima do século XX, que dizia "a forma segue a função", cunhada pelo arquiteto Louis Sullivan em 1896.

Esta onda ganha força todos os dias. Nossos olhos querem se maravilhar nas ruas com "esculturas" que geram desejo e fomentam o turismo. Estas obras gigantes transformam-se em atrações por si só, independentemente das exposições que exibem. O Museu Guggenheim Bilbao, por exemplo, foi visitado em **2013** por **931.015** pessoas, sendo que **65%** vieram de fora do país. [12]

Entretanto, o design não tem apenas maravilhado nossos olhos e nos auxiliado a expressar nossa identidade.

Estudos feitos no Centro Médico da Universidade de Princeton, nos EUA, provaram que em quartos de hospital com melhor design os paciente se recuperam mais e rápido e, melhor, solicitam **30%** menos medicação contra dor.

http://perkinswill.com/work/adopt-a-room.html

A redução do sofrimento provoca um efeito cascata, acelerando a recuperação e reabilitação, levando a estadias mais curtas e diminuindo não só os custos, mas também as chances de acidentes e infecções. [13]

Outro exemplo contundente: um estudo realizado pela Universidade de Georgetown, em Washington DC, EUA, mostrou que melhorando o design do ambiente da sala de aula de uma escola privada as notas dos alunos aumentaram, em média, em **11%**!

Marcas e design

Uma das mais importantes ferramentas que as marcas têm para expressarem seus valores e propósitos e com quem querem se relacionar, é o *design*. Entenda uma das razões que faz da Apple esta marca tão admirada e amada que você conhece.

A marca fala diretamente com nossas emoções. Cria tamanha empatia com os consumidores que faz com que eles se envolvam e interajam com a Apple como se ela fosse sua amiga mais próxima. Alguns deles tornam-se fãs obsessivos e sonham em trabalhar para a empresa. Mas poucos tem a sorte de conseguir ser seus funcionários – e quando conseguem tornam-se ótimos colaboradores. Outros devotam tamanha adoração pela marca que tatuam seu logotipo na própria pele. Existe maior demonstração de amor que esta?

Seus produtos, suas embalagens perfeitas, suas estudadíssima arquitetura de lojas, seu site na internet, os cartões de visita dos funcionários e qualquer ponto de contato que você venha a ter com a marca falarão consistentemente a mesma linguagem. Isto quer dizer que você terá continuamente a mesma percepção desta marca.

Ela sempre irá expressar a simplicidade de uso e limpeza de *design*.

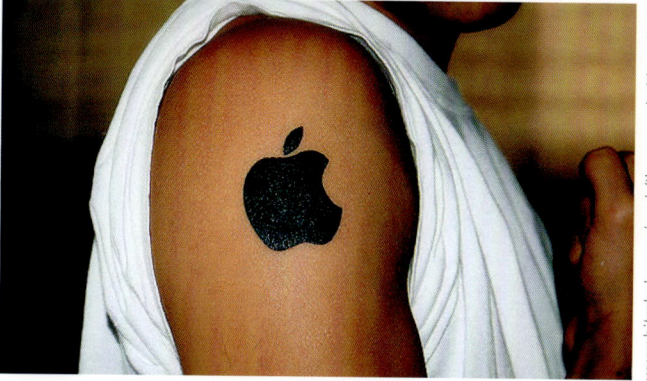

Os consumidores procuram produtos que expressem sua personalidade, seu jeito de ser. Marcas que valorizam o *design* constituem a forma mais palpável que encontram para auxiliá-los nesta missão. Além disso, a maior finalidade de qualquer marca será sempre satisfazer as pessoas que com ela se relacionam. E para alcançar este objetivo, precisará criar um cenário que tenha um ótimo *design*, onde todos seus *stakeholders* possam vivenciar uma boa experiência de marca – conceber um lugar onde todos queiram estar e que esteja alinhado com a identidade da marca.

Um espaço com bom design diz muito sobre a marca e sobre o cuidado que ela tem com as pessoas. Ela está preocupada com seu bem-estar? Proporciona divertimento? Um aroma agradável? Música para deixá-lo no clima? Serve a você um bom café? Oferece um canto para descanso?

Para as marcas de luxo, hoje é imprescindível ter uma loja maravilhosa com um design de ambiente sofisticado, projetado de tal forma que as ajude a definir qual é seu universo e que lhes auxilie na expressão do significado da marca. Se você entrar numa loja da Gucci em Los Angeles, em Shangai ou em São Paulo, sua experiência será quase sempre a mesma.

www.skyscrapercity.com
www.bestylish.org
www.viewpictures.co.uk

A experiência começa na rua, quando você sai de seu carro e o entrega ao manobrista.

Ele lhe recebeu bem vestido e com um sorriso? Como é o prédio? E a vitrine? Qual é sua primeira percepção? É luxuoso? Tem a cara da marca? Quem abre a porta para você? Assim que você entra na loja, quem lhe cumprimenta? A pessoa é gentil e elegante? Você está maravilhado e sente vontade de explorar o espaço? Que impressão você tem do ambiente? Qual é seu aroma? Que som ele tem? E antes de você sequer tocar qualquer produto e prová-lo e amá-lo e vê-lo embrulhado naquela embalagem maravilhosa, como ele está apresentado no ambiente?

Tudo isto atribui qualidade à marca e faz parte de sua experiência ■

Séries de TV e vídeos

Você assiste as séries de TV que tanto sucesso fazem estes dias? Sua audiência tem sido tamanha que grandes atores de Hollywood atuam em seus episódios. Muitos deles recebem mais de **1 milhão** de dólares por capítulo. Para se ter uma ideia do dinheiro envolvido nestes programas, o CEO da produtora Dreamworks ofereceu **75 milhões** de dólares a Vince Gilligan, roteirista, diretor e produtor de TV, para que criasse e produzisse mais **3** episódios da série *Breaking Bad*, antes de saber que o diretor já tinha um final previsto. Impressionante!

Uma das razões deste sucesso é que hoje se assiste muito mais vídeos do que antes e existe a possibilidade de assisti-los em *streaming*, conforme a conveniência de horário das pessoas. Só nos Estados Unidos **89 milhões** de pessoas assistiram vídeos em apenas um dia de agosto de **2013**. [14] A previsão é que este número chegue a **1,5 bilhão** em **2016**. [15]

http://meu3gp.blogspot.com.br/2014/01/breaking-bad-dubladolegendado-3gp.html

Além disso, indivíduos querem – e podem – assisti-los em todos os seus dispositivos digitais: em seus pcs, laptops e, principalmente, em seus smartphones. **84%** dos americanos assistem vídeo on-line, com a geração Y gastando **50%** mais tempo assistindo-os do que a média dos usuários.

O Brasil possui a **5ª** maior audiência digital no mundo, contando com **68.1 milhões** de usuários em fevereiro de **2014**, um crescimento de **11%** em relação a fevereiro de **2013**. [16]

Vídeo: www.wired.com

Os vídeos estão com tudo! Não somente na área de entretenimento como também na comunicação das marcas. Se as pessoas querem assistir vídeos, porque não utilizá-los para divulgar as marcas?

Na mídia social, novos aplicativos surgem sem parar e os que mais respostas conquistam, principalmente do público mais jovem, são aqueles com imagens e vídeos. O bom e velho YouTube não para de crescer. Você sabia que mais de **1 bilhão** de usuários visitam esse aplicativo todos os meses?

Preste atenção nisto:

A onda que mais ganha força a cada dia na comunicação móvel é formada por vídeos curtos, de 5 a 7 segundos, que contam histórias rápidas ▪

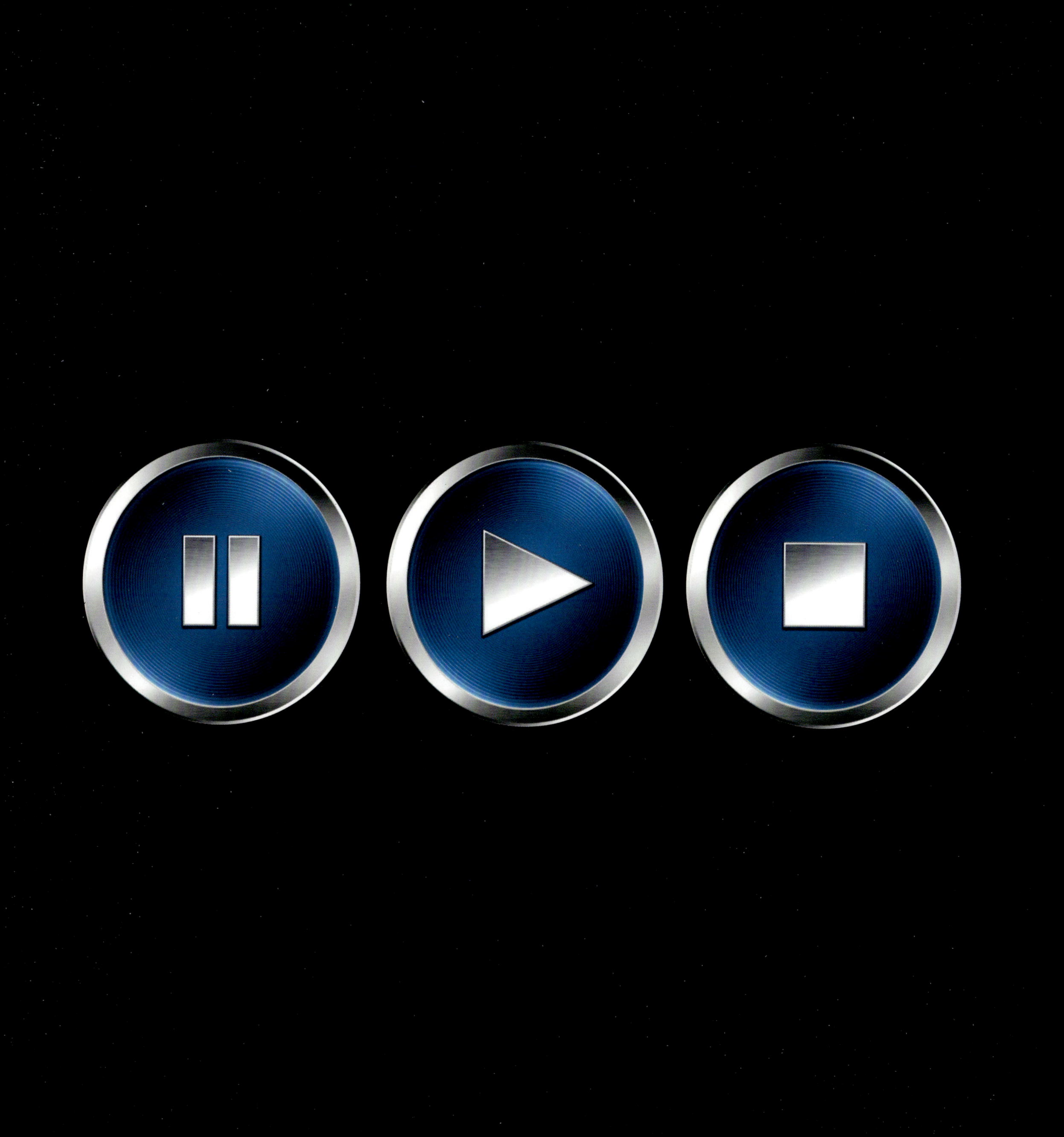

Terceira onda
Significado, valores e autenticidade

Mark Twain - justoserna.com

"Os 2 dias mais importantes de sua vida são o dia em que você nasce e o dia em que você descobre para quê."
Mark Twain

Significado e valores

Jessica Marati é colunista do *Huffington Post*, um importante portal de notícias americano. Há poucos anos sentiu um desejo, uma necessidade desesperadora, de mudar os hábitos hedonistas que desenvolveu durante seu primeiro ano vivendo em Nova York. Lá tornou-se uma viciada em cafeína, só comia fora e transformou-se numa *workaholic* que só aliviava seu *stress* com sessões de compras no SoHo e uísques na sexta à noite (bebia até um pouco demais). Jessica começou sua mudança pensando pequeno: decidiu se tornar, segundo ela mesma, uma consumidora consciente, pensar mais sobre suas compras e sobre a origem dos produtos que usava. Logo percebeu que era vítima da famosa "moda rápida" e que metade de seu guarda-roupa era constituído por roupas de baixa qualidade e caimento ruim. Doou metade do que tinha e procurou novas abordagens: gastar mais em roupas de qualidade, reformar roupas melhores e adotar a moderação. Hoje seu armário tem menos roupas, mas ela adora e usa tudo o que tem.
Partiu, em seguida, para mudar sua alimentação e decidiu comer carne apenas 1 vez na semana. Passou a comprar produtos orgânicos locais e da estação e cortou a maioria dos alimentos industrializados de sua dieta. Diminuiu o uso de adoçantes e passou a usar estévia, adoçante natural, quando necessário e adotou o café certificado com o selo *Fairtrade*. Decidiu que a alimentação saudável não tem objetivos estéticos, mas serve para você não se envenenar. Com os meses, Jessica passou a levar para as compras suas próprias sacolas, substituiu as garrafinhas plásticas de água que carregava por garrafas de alumínio reutilizáveis, passou a comprar nas pequenas mercearias e descobriu que ser uma consumidora consciente a fez sentir-se poderosa.

Seus dólares hoje não desaparecem mais num buraco negro entre a China e Bangladesh: eles apoiam pequenas empresas, pessoas e práticas em que Jessica acredita.[1]

The New York Times

Dez anos atrás, um artigo do *The New York Times* discorria sobre a importância do mercado LOHAS, um acrônimo para *lifestyles of health and sustainability* – "estilos de vida ligados à saúde e à sustentabilidade" e sobre às crescentes oportunidades para produtos e serviços que apelassem para este público. Este era o "maior mercado que você ouviria falar" e já representava **US$ 230 bilhões** somente nos Estados Unidos. [2]

No mesmo ano, **68 milhões** de americanos, cerca de **1/3** da população adulta, foi qualificado como consumidores LOHAS, aqueles que levam em conta questões ambientais e sociais quando fazem suas compras, um crescimento **30%** em relação ao ano anterior. [3]

Em 2014, o mercado LOHAS dos Estados Unidos já representava **355 bilhões** de dólares, um crescimento de **10%** ao ano, e faturava **546 bilhões** no mundo todo. [4]

Mesmo com a crise de 2008, uma pesquisa recente [5] mostrou que os consumidores estão mais verdes do que nunca, tanto no comportamento de compra como em seu estilo de vida.

Foto: http://www.examiner.com/article/lohas-living-the-sustainable-dream

O melhor exemplo de que esta onda é uma força importante, é a rede de varejo americana Whole Foods.

São mais de **380** lojas que vendem **2.600** produtos diferentes, estes atendendo altos padrões de qualidade para serem aceitos como "naturais": alimentos minimamente processados, livres de gorduras hidrogenadas, sabores artificiais, corantes, adoçantes, conservantes e outros ingredientes considerados "inaceitáveis". A Whole Foods faturou **14,2 bilhões** de dólares em **2014**, tem se mantido na lista das "100 melhores empresas para se trabalhar" da revista americana *Fortune* por **18** anos seguidos (desde a sua criação) e é hoje a **8ª** maior empresa de alimentação e farmácia dos Estados Unidos. (6)

É uma rede de alimentação natural e orgânica com resultados extremamente saudáveis!

A empresa anunciou que não pretende vender carne ou leite de animais clonados ou de seus descendentes, mesmo que o FDA – Food and Drug Administration dos Estados Unidos – autorize. Já em 2007, a Whole Foods lançou o Whole Trade Guarantee, uma iniciativa de compra voltada para a ética e a responsabilidade social em relação a produtos importados de países em desenvolvimento.

Talvez o valor mais óbvio da Whole Foods seja aquele mais amplamente associado com a empresa: manter o mundo mais verde. Desde sua criação, a marca tem ressaltado a importância de preservar os clássicos "3 Rs" da proteção ambiental: reduzir, reutilizar e reciclar.

A Whole Foods é o resultado da visão de John Mackey, seu fundador e CEO defensor da ideia do Capitalismo Consciente.

"Acredito que o 'Capitalismo Consciente' irá se tornar o paradigma dominante dos negócios no século XXI. Ele move as empresas a focar no propósito em vez do lucro." (7)

John Mackey

O "Capitalismo Consciente" é uma nova maneira de pensar os negócios, que não visa apenas o lucro. Fato é que os empreendedores que tiveram mais impacto na história buscaram um objetivo maior, procuraram fazer a diferença. Segundo Raj Sisodia, guru de marketing e fundador do movimento "Capitalismo Consciente", o modelo capitalista de Wall Street não tem futuro.

A The Honest Company, empresa que comercializa produtos sem componentes tóxicos para bebês e que tem a atriz Jessica Alba como uma das fundadoras, já alcançou o valor de mercado de **1 bilhão** de dólares. O site comercializa fraldas naturalmente biodegradáveis e até espuma de banho "vegan". Segundo a empresa, tudo deve estar em sintonia com a temática sustentável. Em **2014**, sua receita atingiu **150 milhões** e em **2015** deve chegar aos **250 milhões** de dólares. Impressionante! [8]

> "O assunto hoje é responsabilidade corporativa. Os consumidores exigem isso das empresas e nós estamos fazendo a nossa parte".
> Brian Lee, Presidente e Co-Fundador da Honest

Mundo Verde®
Sua loja do bem-estar.

http://shoppingcanoas.com.br/site/lojas/mundo-verde/ – 18/11/2014

O fenômeno não acontece apenas nos Estados Unidos. No Brasil, testemunhamos o surgimento e crescimento da rede de lojas de produtos naturais, orgânicos e de bem-estar Mundo Verde, criada há **27** anos e hoje a maior da América Latina, que tem como propósito a vida saudável e a sustentabilidade. Em agosto de **2014**, passaram por suas lojas diariamente mais de **150** mil pessoas, em busca de pelo menos **1** dos **10** mil itens oferecidos por mais de **1.200** fornecedores. [9]

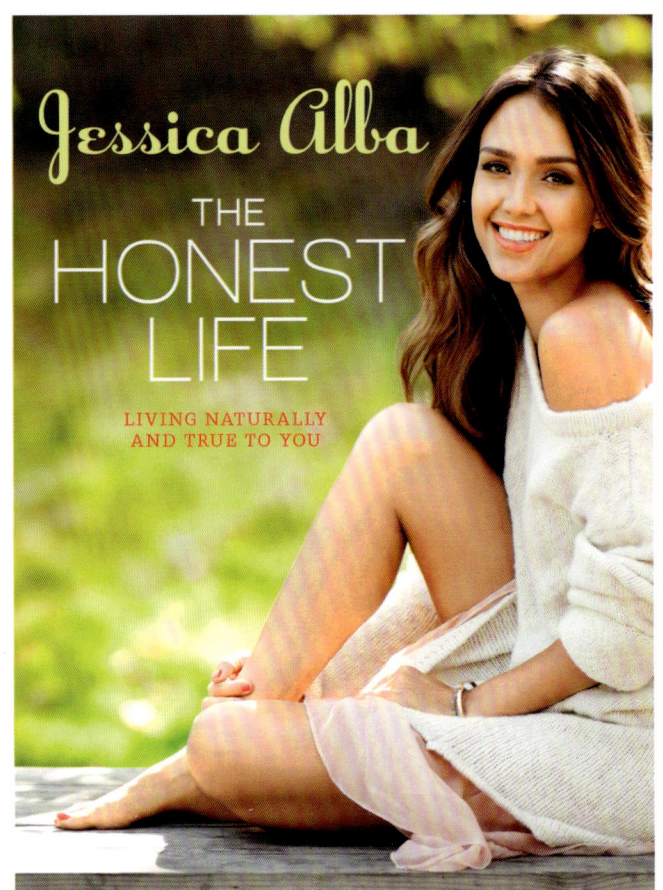

Qual é o segredo do sucesso dessas empresas?

Essas empresas têm a sustentabilidade como propósito. Seus valores são o comércio justo, o consumo consciente, a ética nos negócios e a responsabilidade social, ambiental e econômica – o *triple bottom line* (tripé da sustentabilidade).

"**Nosso conceito e filosofia formam uma perfeita união com os anseios dos clientes, que entram em nossas lojas essencialmente para compartilhar ideais. O Mundo Verde virou um estilo de vida, de coisas positivas, saudáveis e boas para o planeta. Para nós, antes de ser um grande negócio, é um modo de olhar a vida e o mundo.**" Isabel Maria Antunes Joffe, fundadora da rede.

Estes propósito e valores vêm de encontro com o desejo e sentimento das pessoas do mundo de hoje.

Os consumidores americanos expressam um alto grau de consciência em relação à saúde e bem-estar em suas atividades diárias. De acordo com a pesquisa da Harris Poll, **3/4** dos adultos americanos levam em conta o verdadeiro valor dos alimentos frescos **(89%)**, fibras e grãos integrais **(81% cada)** ao fazer compras.

No Brasil, os produtos sustentáveis ou reciclados vêm ganhando cada vez mais adesão entre os consumidores e, consequentemente, mais espaço nas prateleiras. Veja a previsão de participação da população de alguns países na proteção do meio ambiente num futuro próximo.

Uma pesquisa de **2013** realizada no Brasil pela eCGlobal Solutions, em conjunto com o Mundo do Marketing, apontou que **90%** dos consumidores afirmam utilizar produtos sustentáveis ou reciclados, que **98%** deles consideram importante que as empresas cuidem do meio ambiente e que **72%** acham relevante, no momento da compra, a preocupação do fabricante do produto com o meio ambiente.

81% dos entrevistados consideram que o consumidor também é responsável pelos produtos que prejudicam o meio ambiente e continuam no mercado ∎

País	%
Brazil	76%
Italy	61%
France	45,9%
US	38%
Russia	35%
UK	28%
Japan	20%
Germany	20%

(10)

É impressionante, mas o Brasil está em **1º** lugar quando comparado a todos estes países!

RECICLE   REDUZA   REUSE

www.vidasustentavel.net/modo-de-vida/reduza-reuse-recicle/

A geração Y

Estes jovens, nascidos entre 1977 e 1995, têm muito a dizer sobre ondas e tsunamis sociais. Entraram há pouco no mercado de trabalho e de consumo e seu comportamento interessa e interessará, e muito, às marcas e empresas. São jovens que têm como principais valores a ética, a qualidade de vida, a preocupação com o planeta e o conceito de comunidade. A maioria dos *millennials* – outra denominação para o mesmo grupo demográfico – acredita que sua geração é constituída por grande número de pessoas inovadoras. Como tal, querem trabalhar – e usar seu dinheiro – em empresas inovadoras que fazem o bem para a sociedade. Esperam que suas marcas favoritas não apenas compartilhem seus valores, mas também que os ajudem a expressá-los plenamente.

Uma pesquisa feita em **2013** pela Deloitte – Global Millenial Survey – perguntou a este grupo como as empresas podem inovar e impactar a sociedade.

Cerca de **65%** dos entrevistados, localizados em **16** mercados ao redor do mundo, acreditam que sua empresa realiza atividades que beneficiam a sociedade. No Brasil, **83%** dos entrevistados pensam assim.
A maioria dos *millennials* acreditam serem pessoas inovadoras que trabalham em empresas inovadoras; *Millenials* de alguns países são mais confiantes em sua natureza inovadora do que outros. Na Índia, Tailândia, África do Sul, Brasil e Estados Unidos, mais de **70%** dos entrevistados se identificam como sendo indivíduos inovadores.

A mensagem é clara: as empresas que querem atrair *millennials* precisam ser inovadoras e possuir impactos sociais claros e positivos.

Estratégias sustentáveis são lucrativas para as empresas!

A mais recente pesquisa global, realizada pela consultoria McKinsey, revela números interessantes sobre como e por que a sustentabilidade é importante para a estratégia das empresas e como as corporações bem-sucedidas estão controlando sua reputação, a execução e a prestação de contas de seus programas de sustentabilidade.

Por exemplo: se em 2010 os executivos diziam que as principais razões para que suas empresas desenvolvessem programas de sustentabilidade eram os cortes de custos e reputação, em 2013 passaram a afirmar que precisam alinhar sustentabilidade com os valores, a missão e os objetivos da empresa.

Em **2010** só **3%** dos CEOs afirmavam que a sustentabilidade era sua prioridade número **1**. Em **2013** este número já era **13%**, com outros **36%** colocando-a entre suas **3** primeiras prioridades. (11)

Muitas empresas, grandes e pequenas, já entendem que esta importante onda social deve estar no núcleo de sua estratégia de negócios.

Tanto é verdade que grandes líderes visionários têm surgido na última década e trazido benefícios para a sociedade e para a empresas que gerem, por conta de sua habilidade de enxergar adiante e imaginar coisas que outros ainda nem imaginam.

Conheça Jeff Immelt e entenda o sucesso de sua estratégia sustentável.

Em 2007, o CEO da GE, Jeff Immelt, anunciou uma grande iniciativa para a empresa, a *ecomagination*, que fez com que esta empresa gigante dobrasse seus investimentos em produtos ambientalmente corretos. (12)

Apoiado por uma grande campanha de comunicação, o executivo decidia posicionar a GE como uma das curas para várias das doenças ambientais do mundo. Pretendendo turbinar os lucros, dobrou sua verba de **U$700 milhões** em pesquisa e desenvolvimento, e lançou:

- Locomotivas híbridas;
- Turbinas para aviões com baixas emissões;
- Iluminação mais eficiente;
- Sistemas de purificação de água ainda mais sofisticados.

Assim que assumiu seu cargo em 2001, Immelt declarou sua intenção de aumentar a taxa de crescimento sustentável da GE em **3%**! Quando consideramos o volume de negócios da GE, **3%** representavam **U$10 bilhões** de lucros adicionais por ano. Um valor considerável!

Por que Immelt teria se comprometido desta forma?

Immelt e sua equipe enxergaram 2 ondas submersas em formação.

A 1ª onda:

• As economias dos mercados emergentes (principalmente China e Índia) já demonstravam uma tendência de crescimento mais rápido quando comparadas às das nações mais desenvolvidas.

• A China abria sua economia e a Índia demonstrava considerável crescimento motivado pela terceirização internacional. Tendências econômicas indicavam que o petróleo subiria de preço (em 2001). O carvão, que alimentava as redes de eletricidade chinesa, também demonstrava tendência similar.

Para que essas economias pudessem crescer, seria necessário um enorme investimento em energia, água e transporte.

A GE teria muito a oferecer a esses países!

Uma 2ª onda ganhava força e convergia com a anterior:

• Com a ratificação do Protocolo de Kyoto, a regulamentação ambiental parecia se transformar em realidade. Immelt avistou uma grande oportunidade de lucro que poderia cumprir seu desafio e, ao mesmo tempo, transformar a GE numa vitrine de inovações nas áreas de eficiência em energia e tecnologias de baixas emissões.

Foi o que aconteceu!

Em 2003, o CEO fez uma previsão de que **60%** do crescimento da GE viria, nos próximos anos, dos mercados emergentes. No final de 2004, os mercados emergentes contribuíram com **U$21 bilhões** dos lucros, correspondendo a **37%** de crescimento sobre **2003**. Em 2004, a meta estabelecida para o crescimento sustentável já havia sido superad. E até hoje, a taxa de crescimento continua subindo ano a ano. [13]

A eficiência energética da GE melhorou **31%** em relação ao ano de **2004**. [14]

• As emissões de gás de efeito estufa foram reduzidas em **32%** comparadas ao mesmo ano.

• O uso de água doce da GE foi reduzido em **45%**, em relação a **2006**.

Surfando nesse sucesso, a empresa comprometeu-se, no início de **2013**, a reduzir suas emissões de gases de efeito estufa e uso de água doce em mais **20%** até **2020**. (15)

A GE continua a alavancar a sua conceituada campanha *ecomagination* para conduzir a conversa em torno de Cidadania Empresarial. A receita da organização aumentou de **196.240 milhões** de dólares em **2011** para **241.660 milhões** de dólares, um sinal estão evoluindo muito bem.

http://www.sustainablebrands.com/news_and_views/new_metrics/mike_hower/ge_generates_28_billion_sustainability_rd

"O que faz com que pessoas queiram trabalhar para a GE é seu desejo de ser parte de algo maior... querem trabalhar para uma empresa que faça diferença, uma empresa que esteja fazendo grandes coisas para o mundo... O mundo mudou!"
Jeff Immelt

Em **2014**, a GE apareceu em **10º** lugar no ranking da revista *Fortune* Most Admired Companies – as empresas mais admiradas. O texto dizia:
"Como o maior produtor mundial de motores comerciais a jato, bem como o criador da coleta de lixo, a experiência da GE na fabricação já está no céu – e continua crescendo. As receitas provenientes do segmento industrial da empresa subiram **12%** no ano passado, com o faturamento da área de aviação crescendo a enormidade de **16%**. Os executivos da GE também estão percebendo um tremendo aumento nas encomendas de turbinas eólicas e térmicas. As encomendas de equipamentos, num total de **6,4 bilhões** dólares, subiram **81%** no quarto trimestre ■"

Propósito

"Para encontrar seu propósito, não busque coisas diferentes. Procure as coisas corriqueiras, usando um novo olhar."

Steve Ells é o CEO e fundador da rede de restaurantes de comida mexicana Chipotle, presente em **5** países, com mais de **1.600** lojas e **45.000** funcionários. Ele conta que "alimentação com integridade" é o propósito que alimenta cada decisão tomada pela empresa, das escolhas no matadouro à linha de cardápio no restaurante, até o planejamento estratégico em sua sede em Denver, Estados Unidos. Quando ele, um *chef* por formação, lançou a Chipotle há **21** anos, imaginou seus pratos com ingredientes frescos. Assim, diferenciou-se dos Burger Kings e McDonald's do mundo, confiando no interesse do consumidor por carnes desenvolvidas naturalmente, livres de antibióticos e hormônios, sem gordura trans, bem antes do assunto aparecer nas notícias.

"Outras redes aquecem itens congelados. Nós realmente cozinhamos. Se você verificar nossa geladeira, encontrará cebolas, pimentas e carne frescas, que não são artificialmente amaciadas ou condicionadas", afirma Steve. Este propósito orienta sua estratégia de marketing e impulsiona as vendas.

A verdade é que, as pessoas hoje ganharam poder para responsabilizar as empresas e seus líderes por seus atos perante a sociedade. [16]

www.businessinsider.com

FOOD WITH INTEGRITY™

www.chipotle.co.uk

O grande tsunami deu poder à geração mais socialmente consciente que o mundo já viu.

Algumas grandes marcas têm realizado ações sociais autênticas nos últimos anos, com resultados positivos para o seu faturamento e a percepção de sua marca. As pessoas se sentem bem quando estão envolvidas com uma marca que está fazendo bem ao mundo. Quer ver um exemplo? Em 2011, a Unilever, em parceria com a IDEO – consultoria americana de design e inovação – desenvolveu um projeto para encontrar soluções de saneamento para áreas urbanas de Gana. Foi um sistema de saneamento portátil inovador que trouxe instalações sanitárias básicas e serviços de coleta de esgoto para milhares de residências dessa região paupérrima.

Mas a Unilever não precisou esperar que a renda dessas pessoas melhorasse para ver as vendas de seus produtos de higiene pessoal aumentarem. Ao oferecer esse novo serviço, a Unilever trouxe um novo senso de dignidade e autorrespeito e muitas daquelas pessoas, que antes consumiam apenas sacos de lixo para banheiro, passaram a entender a noção de cuidados pessoais não mais como um "luxo" distante. Com isto, produtos como sabonete e desodorante passaram a fazer parte de suas atividades diárias. Assim, a Unilever criou um contexto no qual valores anteriormente irrelevantes tornaram-se importantes.

Propósitos não apenas alimentam a alma das pessoas. Estudos mostram que organizações com propósitos e valores saem-se melhor no mercado!

Pense numa competição de remo. Todos sabem qual é o propósito da atividade a que se dedicam e empenham-se para, em conjunto, conseguirem o melhor resultado

Crise de confiança nas lideranças empresariais

Durante a primeira década deste milênio, vários líderes corporativos enriqueceram além dos limites considerados aceitáveis, enquanto seus colaboradores eram demitidos ou tinham seus salários cortados. Não é à toa que, nos Estados Unidos, a confiança nos CEOs afundou. De acordo com o *The New York Times*:

> "A maioria do público... acredita que os executivos estão empenhados em destruir o meio ambiente, falsificar os relatórios contábeis e rechear seus próprios bolsos." [17]

Diferentes estudos atestam a desconfiança que as pessoas têm nos líderes das grandes corporações. Um levantamento feito pela The Roper Center for Public Opinion Research em 2005, constatou, por exemplo, que somente 2% dos investidores acreditavam que CEOs de grandes empresas eram "muito confiáveis".

No Brasil, uma pesquisa de 2013 realizada pela EdelmanSignifica, *Trust Barometer Brazil*, [18] revelou que o cidadão comum é o agente de maior credibilidade na formação de opinião sobre uma marca ou empresa. Logo depois, as posições de maior credibilidade são as dos técnicos das empresas e os acadêmicos. O CEO aparece apenas no 5º lugar.

> O que falta aos líderes corporativos é um diálogo direto com seus públicos, relevante e transparente, que crie vínculos duradouros.

Yacoff Sarkovas, sócio e CEO da EdelmanSignifica diz: "A crise de liderança requer, por parte dos líderes, uma profunda revisão de valores. Cabe às instituições não apenas mudarem suas formas de comunicar, mas de se comportar – propósito, valores e atitudes."

Ainda segundo ele, trata-se de uma oportunidade para as marcas tomarem a frente em um momento de confiança fragilizada, desde que cumpram, na prática, o que se espera delas.

THERE IS VERY LITTLE TRUST IN EITHER BUSINESS LEADERS OR THEIR GOVERNMENT COUNTERPARTS ON KEY METRICS
TRUST IN BUSINESS AND GOVERNMENT LEADERS TO DO THE FOLLOWING

BUSINESS LEADERS — 2013 / 2014

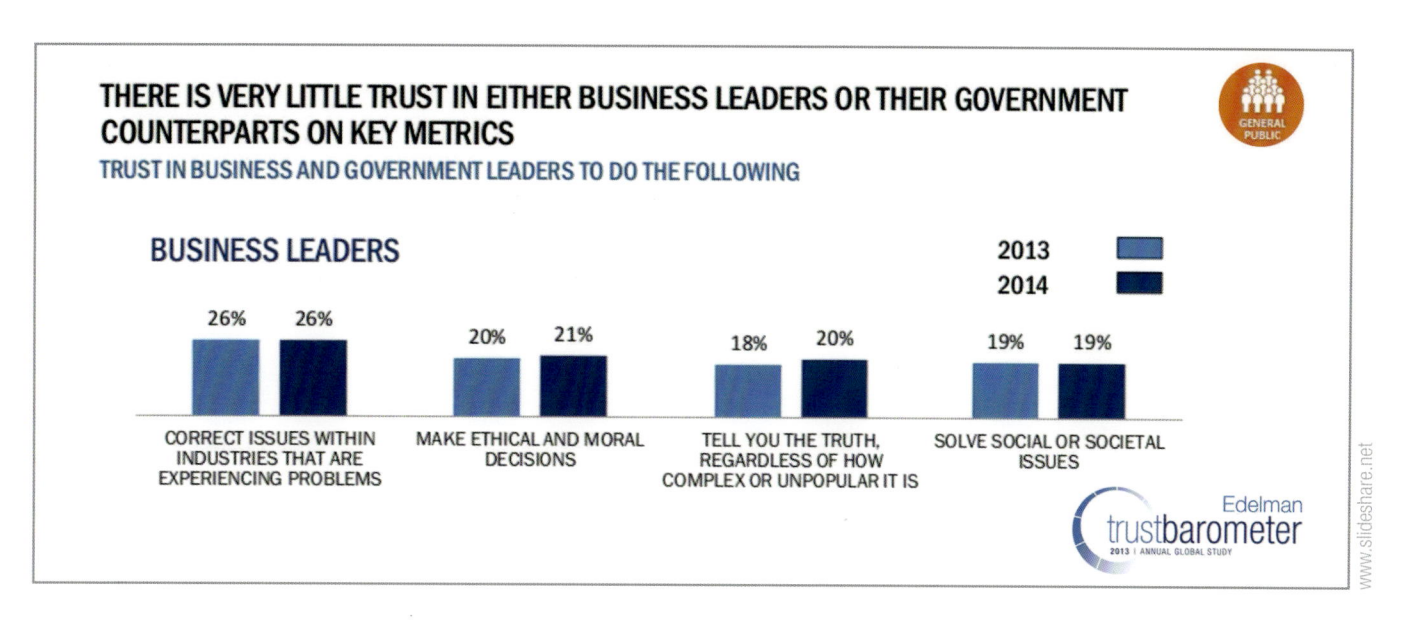

- CORRECT ISSUES WITHIN INDUSTRIES THAT ARE EXPERIENCING PROBLEMS: 26% / 26%
- MAKE ETHICAL AND MORAL DECISIONS: 20% / 21%
- TELL YOU THE TRUTH, REGARDLESS OF HOW COMPLEX OR UNPOPULAR IT IS: 18% / 20%
- SOLVE SOCIAL OR SOCIETAL ISSUES: 19% / 19%

Edelman trustbarometer — www.slideshare.net

Como dizia Winston Churchill, **"a confiança é um ativo altamente frágil. Quando a ação não corresponde à promessa, os públicos percebem rapidamente. Hoje, o valor é atribuído pelas pessoas e não determinado unilateralmente pelas instituições"**, conclui.

Quer mais? A pesquisa global *The Company Behind the Brand: CEO Spotlight* ("A empresa por trás da marca: foco no CEO"), publicada em 2012, revelou que 50% dos consumidores perderam o respeito pelos líderes corporativos nos últimos anos e que, para 49% deles, a reputação da empresa é atribuída ao CEO.

"Moldamos nossa cultura e depois é ela que nos molda."

A cultura de uma corporação é o espelho de seu líder corporativo. As pessoas não se contentam mais com o relacionamento que tem com as grandes instituições sem rosto. Grandes bancos e empresas de telecomunicações são de longe os campeões de reclamações em qualquer órgão de defesa do consumidor.[19]
O público que se relaciona com estas organizações mal consegue contatar um ser humano – é obrigado a relacionar-se com robôs ou sites corporativos – e pouquíssimas vezes consegue resolver seus problemas. Muitas vezes, desiste no meio do caminho, por conta da árdua peregrinação que é forçado a enfrentar ■

Novos caminhos para as empresas

A busca pelo significado na vida das pessoas aparece com clareza nas mais de 30 milhões de cópias vendidas do livro de Rick Warren *Uma vida com propósitos: você não está aqui por acaso*. A obra, que trata de um propósito mais elevado para a vida das pessoas do que acariciar seu próprio ego, tornou-se o maior *best-seller* da história na categoria não ficção.

A força desta onda é tão grande que muitos líderes corporativos e acadêmicos já conseguem avistá-la. Uma série de livros com os temas ética, Capitalismo Consciente, alma da corporação e propósito nas empresas foram publicados nos últimos anos, indicando uma grande mudança de foco do tema qualidade, que reinou nos anos 1990 e deu origem às normas técnicas ISO 9000, que estabeleceram um modelo de gestão da qualidade para as organizações. Hoje, qualidade é um quesito já esperado pelos consumidores, o que confirma que esta onda já passou.

Na categoria "livros para negócios", aqui estão alguns exemplos interessantes:
Good Business: leadership, flow and the making od meaning – Mihaly Csikszentmihalyi
Conscscious Capitalism – Mackey and Sisodia
Passion purpose – Mackey
Conscious business – Fred Kofman
Green to gold – Daniel C. Esty and Andrew S. Winston
Purpose: the starting point of great companies – Nikos Mourkagiannis
Authenticity: what consumers really want – Gilmore and Pine
The soul of the corporation – Bouchikhi and Kimberly
Firms of endearment: how world-class companies profit from passion and purpose – Raj Sisodia, Jag Sheth e David Wolfe

http://cineville.nl/magazine/wolf-wallstreet-ontmoet-mentor-gordon-gekko

"A ganância é boa", proclamava Gordon Gekko, o ardiloso operador de mercado vivido por Michael Douglas em *Wall Street*. Síntese de uma época, o filme de 1987 desmascarava as ideias de um capitalismo feroz que buscava se impor sem travas para maximizar lucros.

"A ênfase, nos anos 1980, era no crescimento a qualquer custo. Fazer milhões em Wall Street era o que contava, não importando como. Hoje a visão é diferente", diz o economista Carlos Braga, professor de política internacional do IMD (International Institute for Management Development), escola para executivos sediada em Lausanne, na Suíça.

Seus alunos, executivos na faixa dos 30 anos, "têm uma atitude mais voltada para a ética e a qualidade de vida" e buscam aprender como atuar em direções colegiadas de companhias, opina ele. A instituição privada em que Braga leciona surgiu em 1990 da fusão entre as escolas de negócios da Nestlé e da Alcan."[20]

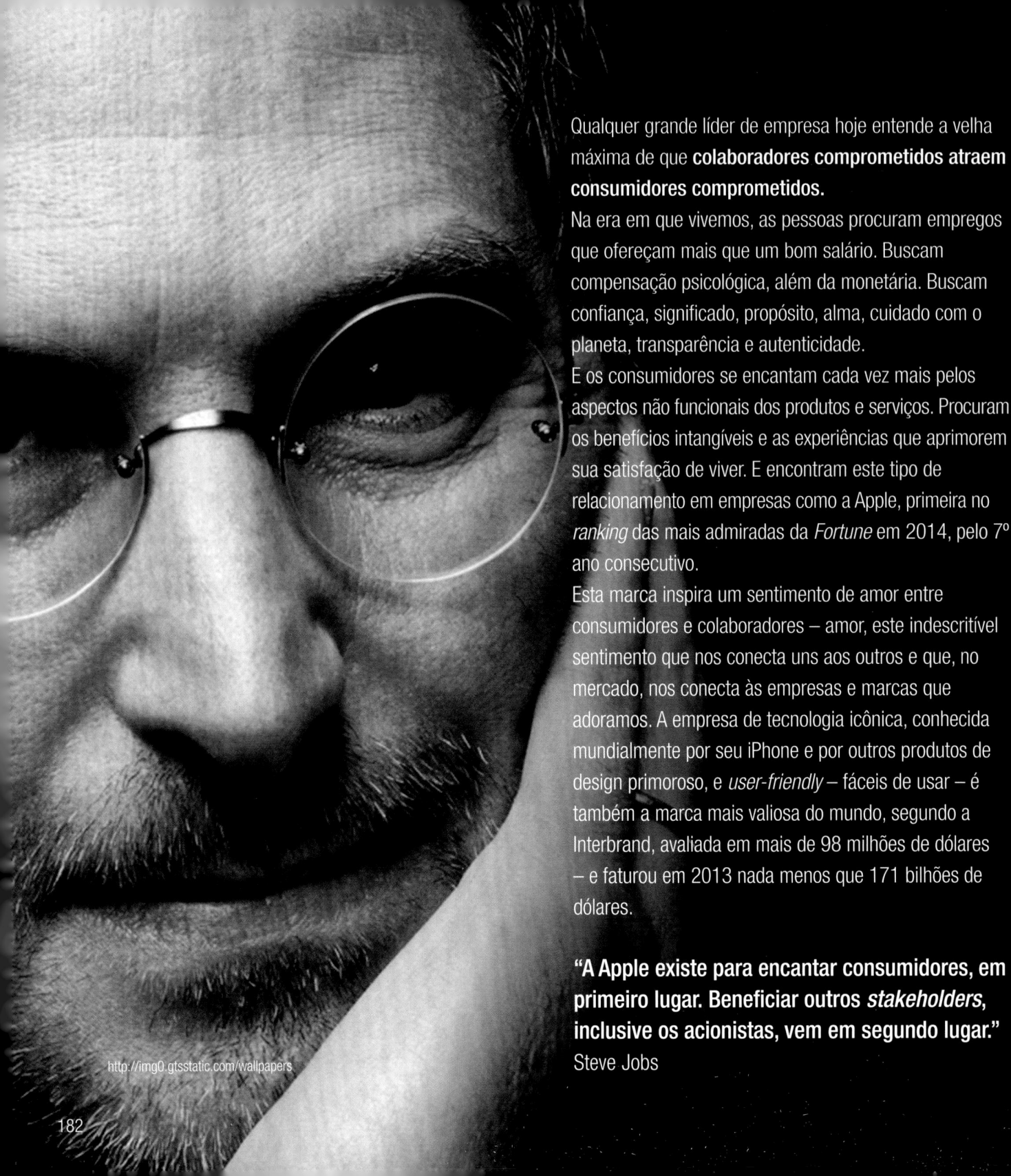

Qualquer grande líder de empresa hoje entende a velha máxima de que **colaboradores comprometidos atraem consumidores comprometidos.**

Na era em que vivemos, as pessoas procuram empregos que ofereçam mais que um bom salário. Buscam compensação psicológica, além da monetária. Buscam confiança, significado, propósito, alma, cuidado com o planeta, transparência e autenticidade.

E os consumidores se encantam cada vez mais pelos aspectos não funcionais dos produtos e serviços. Procuram os benefícios intangíveis e as experiências que aprimorem sua satisfação de viver. E encontram este tipo de relacionamento em empresas como a Apple, primeira no *ranking* das mais admiradas da *Fortune* em 2014, pelo 7º ano consecutivo.

Esta marca inspira um sentimento de amor entre consumidores e colaboradores – amor, este indescritível sentimento que nos conecta uns aos outros e que, no mercado, nos conecta às empresas e marcas que adoramos. A empresa de tecnologia icônica, conhecida mundialmente por seu iPhone e por outros produtos de design primoroso, e *user-friendly* – fáceis de usar – é também a marca mais valiosa do mundo, segundo a Interbrand, avaliada em mais de 98 milhões de dólares – e faturou em 2013 nada menos que 171 bilhões de dólares.

"A Apple existe para encantar consumidores, em primeiro lugar. Beneficiar outros *stakeholders*, inclusive os acionistas, vem em segundo lugar."
Steve Jobs

Por quase meio século, a sabedoria corrente era de que o foco primário de uma corporação eram seus acionistas e seu objetivo primário era maximizar o valor para eles. Hoje muito se discute sobre este "foco primário" e "objetivo primário" da organização.

Roger Martin, diretor da respeitada Rotman School of Management da Universidade de Toronto, argumenta que esta crença de quase meio século possui efeitos colaterais significativos e prejudiciais. As pressões de investidores institucionais para que o preço das ações suba juntamente com as compensações para executivos baseadas em valor de ações, levam uma série de executivos a gerir um "mercado de expectativas" na bolsa de valores. Este, por sua vez, dissemina a limitada visão de custo-prazo, que leva à manipulação da contabilidade, aos abusos legais e éticos, ao não investimento no longo-prazo e, finalmente, à crise financeira. [21]

Para Martin, o foco da organização deveria ser o "mercado verdadeiro" e não o "mercado das expectativas", que para ele quer dizer que "o consumidor é o foco e a principal tarefa das empresas é encontrar a melhor forma de serví-los".

http://worldofdtcmarketing.com/will-apple-transform-mobile-health/mobile-healthcare-marketing-trends/attachment/apple-logo/

"A melhor forma de se obter retorno ao acionista é liderar uma ótima organização."

Steve Jobs foi um grande exemplo de líder de uma organização deste tipo. Não dá para esquecer seu profundo comprometimento em lançar apenas produtos inovadores, vibrantes e belos que encantassem os consumidores, sua disciplina para esperar o tempo necessário que permitisse atender seus próprios padrões de exigência antes de lançá-los. E mais, ele não vacilou no momento de investir fundos extras para garantir que o produto ficasse perfeito aos seus olhos. Jobs, além disso, acreditava profundamente na sua capacidade de definir novos produtos, produtos que o consumidor ainda nem sabia que queria.

Hoje, quando se reflete sobre o legado de Steve Jobs, uma questão fundamental é sua atitude em relação ao propósito da corporação – sua devoção aos consumidores e não aos acionistas, e sua habilidade de resistir à pressões do curto-prazo em nome da excelência de produto.

Foi o propósito da "descoberta" que colocou o 1º homem na Lua. Conta-se que o presidente americano John Kennedy visitava a sede da NASA e quando encontrou um faxineiro, lhe perguntou: "Qual é exatamente seu trabalho aqui?" Ao que o faxineiro teria respondido: "Meu trabalho é ajudar a colocar um homem na Lua."

Esta pequena história ilustra muito bem quão bem disseminado estava o propósito na cultura organizacional da NASA.

São as empresas que demonstram claramente seu propósito as que conquistam o coração de seus colaboradores, parceiros e de todos os que se relacionam com elas ■

http://www.ccvalg.pt/astronomia/sistema_solar/lua/lua.jpg

Autenticidade

"O privilégio de uma vida é tornar-se quem você realmente é."
C.G. Jung

Numa época onde a quantidade de escolhas é abundante, os consumidores se sentem atraídos por marcas que possuem uma história original, uma identidade envolvente e um compromisso sincero de entregar o que prometem. Pense em marcas que cresceram rapidamente, como a Apple, a IKEA e a Natura e perceba como todas elas têm autenticidade em seu núcleo. Os consumidores buscam significado e sinceridade nas marcas que escolhem, alimentados por um profundo desejo de se conectar com coisas que pareçam seguras, certas e inequívocas.

Cada vez mais as pessoas fazem sua decisão de compra baseadas na percepção de quão autêntica ou falsa é uma oferta. Num mundo onde tudo se copia em questão de segundos, ser autêntico, verdadeiro ou original é uma enorme vantagem. Hoje, diversos países se dedicam à produção de cópias baratas como a China, Malásia, Paquistão, Tailândia, Filipinas, Coréia do Norte e assim por diante. A revista *Business Week* estimou que o comércio global de cópias representou, em 2004, mais de 512 bilhões em faturamento perdido. [22]

A cada escândalo a que nós, brasileiros, somos expostos seja ele de desvio de dinheiro público ou de conluio entre grandes corporações, desaba qualquer resquício de confiança que poderíamos ter nas instituições.

Na sua essência, ser autêntico é praticar o que prega; ser totalmente claro sobre quem você é e o que você faz melhor. Quando a retórica de uma marca fica fora de sincronia com as experiências reais de seus consumidores, a integridade da marca sofre.

Por que, por exemplo, a Virgin é tão interessante e tão envolvente para seus *stakeholders*?
Seu fundador, Sir Richard Branson, lançou a marca em 1970 como um varejista que vendia discos pelo correio, por preços menores que os das lojas de rua. O nome teve sua origem a partir da observação de um colega, de que todos os envolvidos eram novatos: "Somos virgens completos em negócios."

Aquele rapaz lutador e decidido tinha uma personalidade marcante:

√ Irreverente
√ Arrojado
√ Destemido
√ Ótimo senso de humor
√ Superador de limites
√ Extremamente competente
√ Altíssimos padrões de qualidade
√ Visionário

Em 1986, Branson, como parte de sua personalidade insaciável, quebrou o recorde da travessia do Atlântico em uma lancha. Um ano depois, repetiu o feito... num balão.

Richard Branson é tão autêntico em sua forma de ser que carrega seus atributos emocionais para sua marca Virgin e todas as suas submarcas. Sua personalidade autêntica é parte do DNA de todas as suas marcas e tudo isto fica muito claro e é facilmente percebido por seu público.

Diferente das maiores marcas globais, que seguem a tradicional sabedoria do "fique no terreno de sua especialidade", como a Nike, no universo dos calçados e equipamentos esportivos, a Coca-Cola, no mundo das águas e refrigerantes, a Virgin é uma das únicas marcas que diversificou seu negócio em diferentes áreas de atuação, incluindo companhias aéreas, viagens espaciais, ferrovias, férias, telefones celulares, meios de comunicação, internet, serviços financeiros e de saúde, entre tantos outros.

O sucesso da empresa é principalmente atribuído ao instinto de seu fundador na escolha de novos empreendimentos, sua personalidade carismática e sua visão estratégica. A marca Virgin, portanto, tem uma personalidade extremamente forte e reflete inovações de serviços extravagantes e os valores e ações de Sir Richard Branson. Assim, o símbolo final da Virgin é o próprio Richard Branson.

E tudo isso só é possível por conta da autenticidade de seu fundador.

Uma ótima forma de ser percebido como autêntico é através da originalidade. Produtos, serviços ou experiências que entregam originalidade autêntica estimulam o senso de descoberta do consumidor. [23]

A 2ª opção sempre acaba sendo um tiro no pé: quanto mais alguém se esforça para ser percebido como autêntico, mais falso ele transparece.

"O ser autêntico é a alma tornada visível."
Sarah Ban Breathnach – escritora de sucesso

Líderes de sucesso no futuro próximo deverão ser possuidores de uma alma humanista. Deverão inspirar em todos os colaboradores, como parte da cultura das organizações que lideram, o "prazer em servir".

Servir a comunidade, a sociedade, o meio ambiente, os consumidores e clientes e os colegas com quem trabalham ■

Quarta onda
Escassez na abundância: conhecimento, curadoria, *storytelling* e *insights* são os novos binóculos

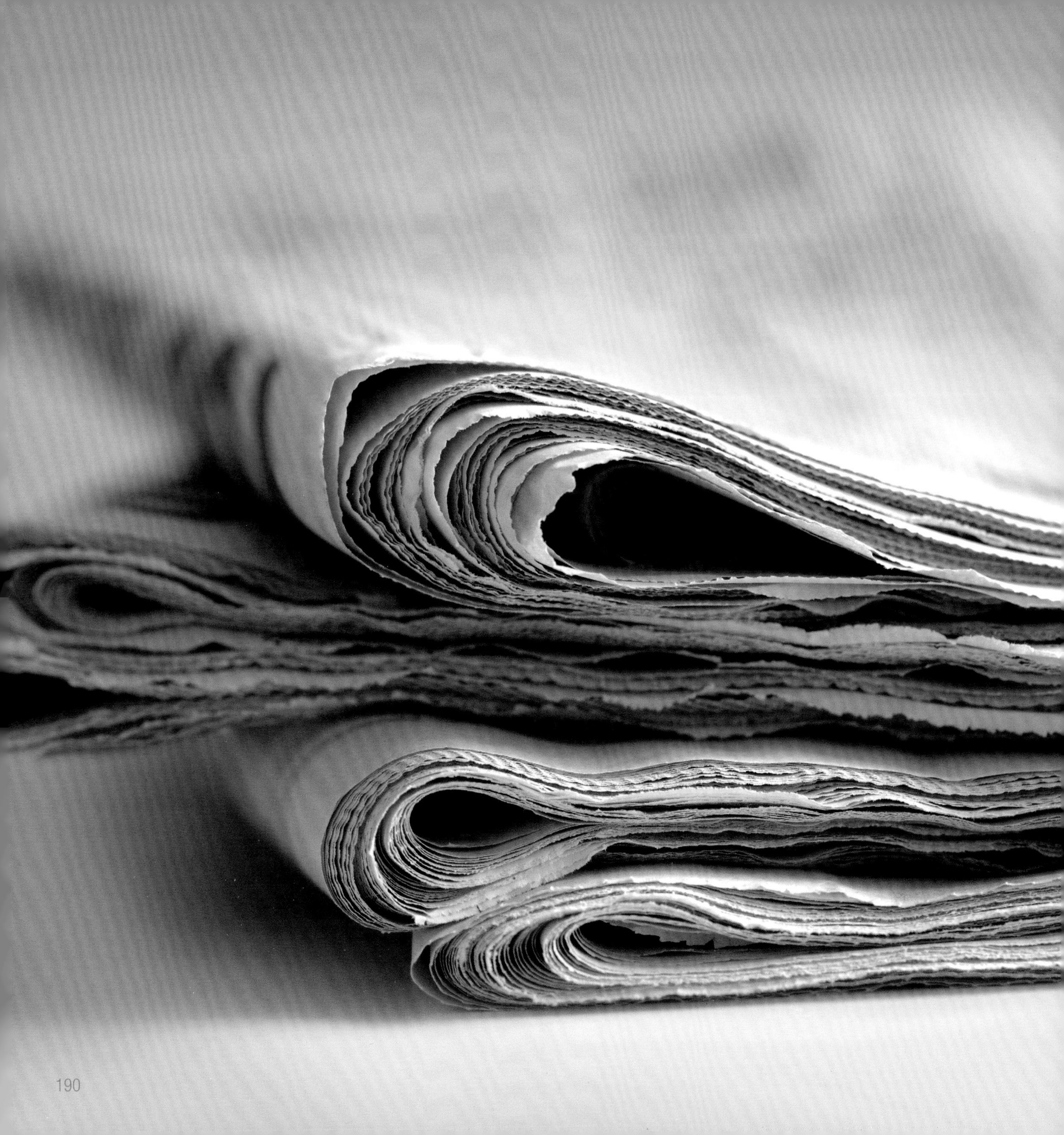

Ler um jornal ou revista significa ler notícias, matérias e comentários de jornalistas credenciados, talentosos e experientes. À parte as opiniões de seus editores e jornalistas, concordemos ou não, supomos que as informações que nos transmitem são verídicas, pesquisadas e de qualidade.

Seus artigos sempre nos trazem algo de novo, são escritos com o perfeito conhecimento da língua portuguesa e, ainda, nos trazem o prazer da leitura através de seu impecável domínio da redação jornalística.

O mesmo nível de qualidade esperamos da música de artistas, gravadas em estúdios de alta qualidade, já que apenas músicos talentosos conseguem produzir seus trabalhos nestes ambientes construídos especialmente para esta finalidade.

A democratização da mídia trouxe imensas vantagens para a sociedade, conforme comentei em capítulos anteriores. Porém, também possibilitou a qualquer indivíduo a publicação na internet de qualquer texto, música, vídeo, notícia e assim por diante.

Como separar o joio do trigo?

Para Andrew Keen, autor do livro *O culto do amador*, "nossa cultura está se transformando numa rede de banalidades e desinformação em que qualquer um pode falar o que quiser, sem preocupação com a relevância ou a veracidade das informações.

Os amadores podem usar seus computadores em rede para publicar tudo, de comentários políticos desinformados, a vídeos caseiros indecorosos, de músicas embaraçosamente amadoras a poemas, comentários, ensaios e romances ilegíveis". Ele reclama que os blogs "estão coletivamente corrompendo e confundindo a opinião popular sobre tudo, desde a política, ao comércio, às artes e à cultura". [1]

Hoje observamos enormes ondas de informações aleatórias – e não necessariamente de qualidade – além de músicas, vídeos e tudo o que Keen cita.

A realidade é que o fato de uma pessoa publicar ou escrever em um blog, postar numa página no Facebook, fazer *upload* de músicas que compôs ou postar notícias, não significa que seu conteúdo seja verídico, de qualidade ou talentoso.

Neste cenário, não precisamos mais buscar a informação. Ela está à nossa disposição 24 horas por dia, 7 dias por semana. E numa quantidade jamais vista!

O que precisamos é saber onde está a informação de qualidade e que nos interessa, qual é a música que tem valor. Saber como usar esta informação e transformá-la numa história interessante, relevante e que faça sentido.

Atenção do internauta, curadoria, conhecimento, habilidade de lidar com dados e *storytelling* transformaram-se no novo petróleo!

Curadoria

Guy Kawasaki é personalidade conhecida no mundo dos negócios. Ex-funcionário da Apple, é hoje um famoso blogger, autor, além de diretor da Garage Technology Ventures, sua empresa de capital de risco.

O que Kawasaki escreve em seu Blog?

Nada!

Ele faz a curadoria de notícias das publicações que seus leitores querem ler:
um tremendo sucesso!

Em seu blog, alltop.com, Guy seleciona publicações que interessam a seus leitores, seguidores do Twitter e do Instagram, amigos do Facebook e, de cada publicação, escolhe os melhores artigos.

Além disso, elege personalidades de prestígio e convoca-as a criar suas próprias páginas no Allttop, com suas publicações e artigos preferidos.

Guy Kawasaki presta um serviço de valor aos internautas e, como moeda de troca, recebe reconhecimento público na área digital, tecnológica e corporativa. Com isso, tornou-se um palestrante de sucesso e é convidado por grandes empresas como IBM, HP, Nike e Wal-Mart para apresentações sobre empreendedorismo, tendências em tecnologia, encantamento e outros temas ■

Dados

O negócio de gerenciamento de informações – auxiliar organizações a enxergar sentido em seus dados que apenas se multiplicam – está crescendo exponencialmente. Recentemente, a Oracle, a IBM, a Microsoft e a SAP gastaram um total de mais de **15 bilhões** de dólares comprando *softwares* de empresas especializadas em gerenciamento e análise de dados. Estima-se que esta indústria tenha hoje um valor de mais de **100 bilhões** de dólares e venha crescendo a uma taxa de **10%** ao ano, duas vezes mais rápido que o próprio negócio de *softwares* como um todo.

Análises sofisticadas tem sido aplicadas não apenas para calcular trajetórias de mísseis ou *hedge funds*. Por exemplo, a Farecast, um braço do Bing – sistema de busca da Microsoft – pode aconselhar clientes a comprar um bilhete aéreo agora ou aguardar o preço cair, examinando **225 bilhões** de dados de voos e preços. A mesma ideia tem sido aplicada a quartos de hotel e aluguel de automóveis. [2]

http://www.parperfeito.com.br/app/registration/1

Sites de relacionamento on-line, como o parperfeito.com, constantemente filtram suas listas usando características pessoais, reações e comunicação pessoal entre clientes para aprimorar os algoritmos e acertar com mais precisão nos encontros sugeridos entre possíveis parceiros ∎

86,40
85,60 1,00 108,80
84,80 0,75 108,00
84,00 107,10
83,20 0,50 106,20
82,40 0,36 105,30
81,60 104,40
0,00 103,50
80,40 102,60
79,20
78,40 -0,50
77,60
76,80 -0,75
76,00 -1,00
75,20
74,40 -1,25
73,60
72,80
72,00

Storytelling

Se você pensar um pouco, perceberá que uma história, em seu formato mais simples, nada mais é do que uma conexão entre causa e efeito. E esta é exatamente a maneira como nosso cérebro raciocina.

Pensamos em forma de narrativa durante o dia inteiro, seja numa compra de supermercado, durante o trabalho ou quando pensamos sobre nossos companheiros. Construímos histórias em nossas mentes para cada ação ou conversa.

Veja o que Jeremy Hsu, jornalista de ciência e tecnologia radicado em Nova York, descobriu:

"Histórias pessoais e fofocas compõe 65% de nosso diálogo."

Contar histórias não é uma prática nova na comunicação. Autênticas ou criadas, as histórias sempre foram utilizadas como ferramentas para levar o consumidor aonde os profissionais de comunicação desejam. No entanto, a capacidade de contar uma história relevante e interessante, que chame a atenção do leitor e faça sentido para a marca, nunca foi tão valorizada como nos dias de hoje.

Na sociedade tecnológica em que vivemos, onde somos bombardeados por mais de 3 mil informações comerciais por dia e onde o número de mídias para se alcançar o consumidor é incontável, ganhar a atenção das pessoas tornou-se um desafio extremamente complexo.

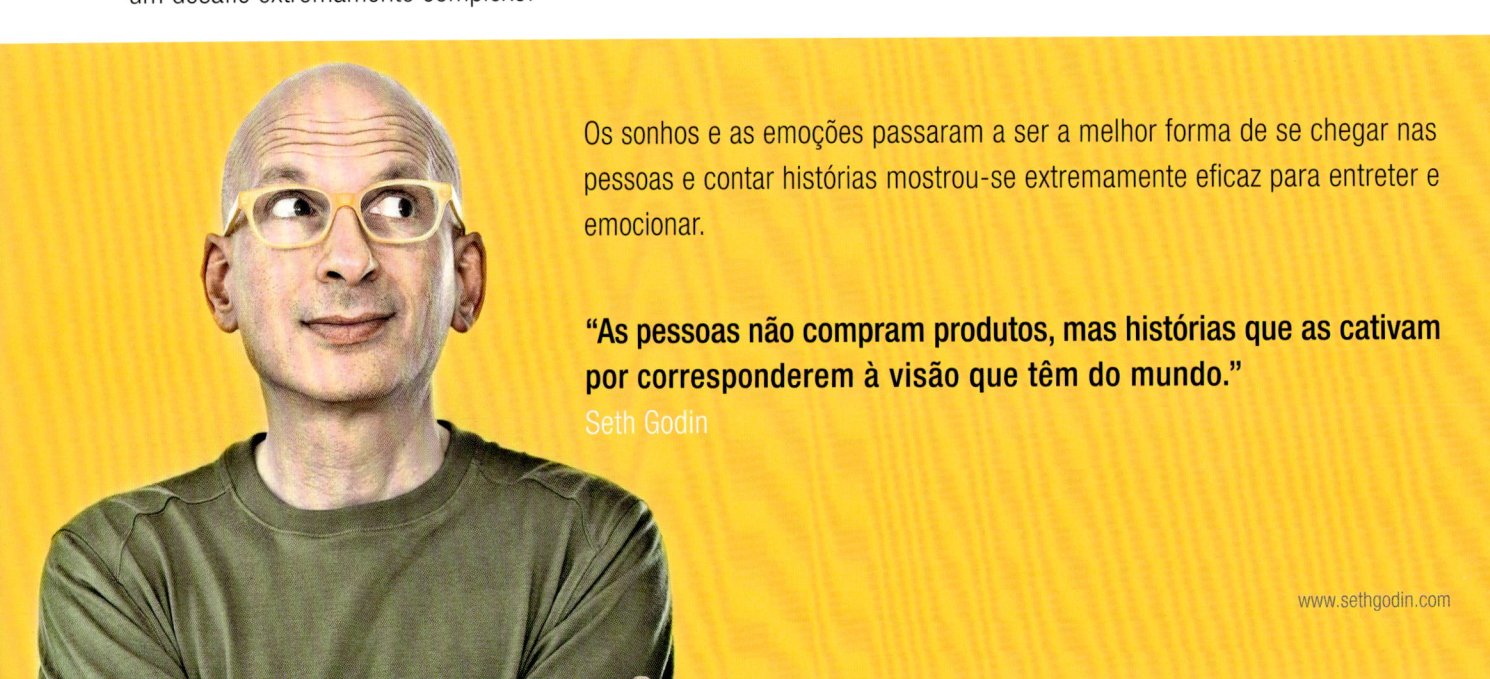

Os sonhos e as emoções passaram a ser a melhor forma de se chegar nas pessoas e contar histórias mostrou-se extremamente eficaz para entreter e emocionar.

"As pessoas não compram produtos, mas histórias que as cativam por corresponderem à visão que têm do mundo."
Seth Godin

www.sethgodin.com

Como as marcas hoje não pertencem mais às empresas, e, sim, moram na mente e no coração das pessoas, grandes marcas investem pesado em ferramentas que as ajudem a envolvê-las.

Na Nike, todos os executivos seniores são nomeados *storytellers* corporativos. A 3M eliminou, anos atrás, as apresentações com tópicos e as substituiu por um processo de "narrativas estratégicas". A Procter & Gamble contratou diretores de cinema de Hollywood para ensinar técnicas de *storytelling* a seus executivos. Algumas escolas de administração de empresas inovadoras adicionaram cursos desse tipo em seu currículo.

Histórias têm o poder de envolver uma audiência de uma forma que apresentações em tópicos nunca tiveram. Seja para comunicar uma visão, vender uma ideia ou inspirar compromisso, o *storytelling* é uma ferramenta tão poderosa para os negócios que pode significar a diferença entre resultados medíocres e sucessos fenomenais.

De acordo com o psicólogo e professor de Harvard Jerome Bruner, os fatos tem 20 vezes mais chances de ser lembrados quando fazem parte de uma história. A psicóloga organizacional Peg Neuhauser encontrou resultados similares em seu estudo com grandes empresas. Concluiu que o que se aprende através de uma história bem contada é lembrado com mais precisão e por muito mais tempo do que o que se aprende através de fatos e dados.

Neuroscientistas explicam que isto acontece porque fatos e números recrutam apenas uma pequena área de nosso cérebro, enquanto histórias requisitam múltiplas regiões, que trabalham em conjunto para construir respostas emocionais e imagens ricas, tridimensionais e coloridas.

Ao ouvirmos ou lermos histórias, nosso envolvimento é tão forte que, rapidamente, sentimos que tudo o que acontece lá, na realidade, está acontecendo aqui. Cada imagem sensorial, som, cor, textura e emoção que criamos enquanto a história nos envolve, fornece um gancho ao nosso cérebro que mantém nossa atenção sem requisitar esforço algum.

Este é o poder de uma grande história!

Histórias são inspiradoras e colocam imediatamente o ouvinte num estado mental de aprendizagem. [3]

Veja como esta marca de bebidas foi lançada no mercado utilizando-se (muito bem) desta ferramenta:

Case:

"Começamos a Innocent em 1999, depois de vender nossos *smoothies* num festival de música. Colocamos um sinal pedindo para as pessoas opinarem se devíamos ou não abandonar nossos trabalhos para nos dedicar a vender aqueles *smoothies*. Colocamos um cesto com o sinal de 'Sim' e outro com o de 'Não' na frente de nosso stand. Em seguida, pedimos às pessoas para votarem com suas embalagens vazias. No final da semana, o cesto com o sinal 'Sim' estava lotado. Pedimos demissão de nossos empregos no dia seguinte e saímos produzindo os *smoothies*.

Desde então passamos a produzir sucos de vegetais, de frutas e bebidas para crianças em nossa busca pela alimentação natural, deliciosa e saudável que ajude as pessoas a viver bem e morrer mais velhas." [4]

Quinta onda
Tecno e digital: o futuro próximo

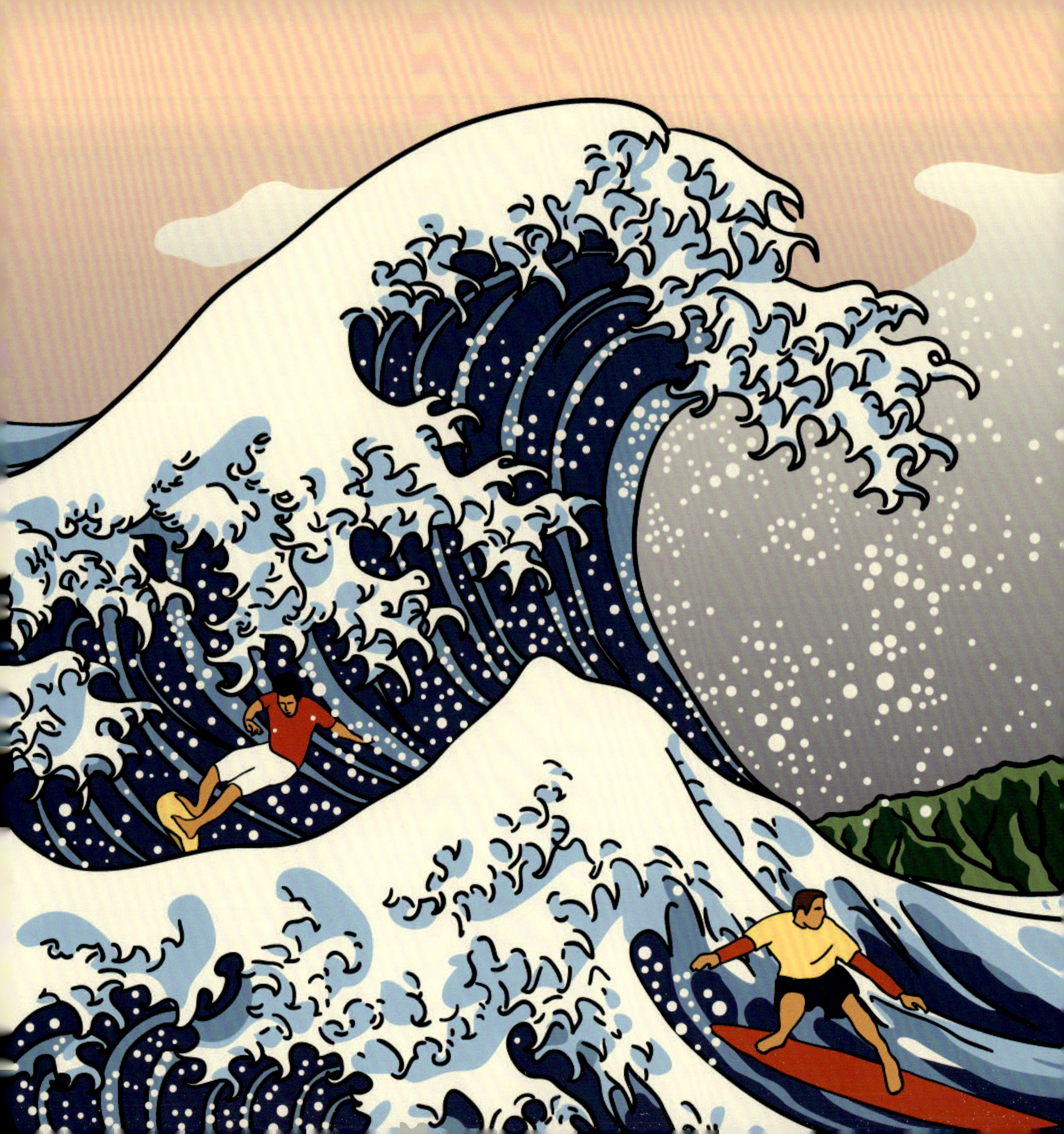

A tecnologia está no epicentro do tsunami.
Mas o que nos definirá no futuro próximo serão as mudanças na cultura da sociedade e a forma como iremos surfar nesta onda.

A Internet das Coisas

A era da ubiquidade chegou!

O mundo está rapidamente se movendo de nossa época de dispositivos autônomos para uma nova era onde tudo estará conectado. Saiba que o futuro não será do Google Glass, nem dos relógios inteligentes ou da tão comentada computação vestível. Tudo indica que no futuro teremos *chips* implantados em nossos cérebros.

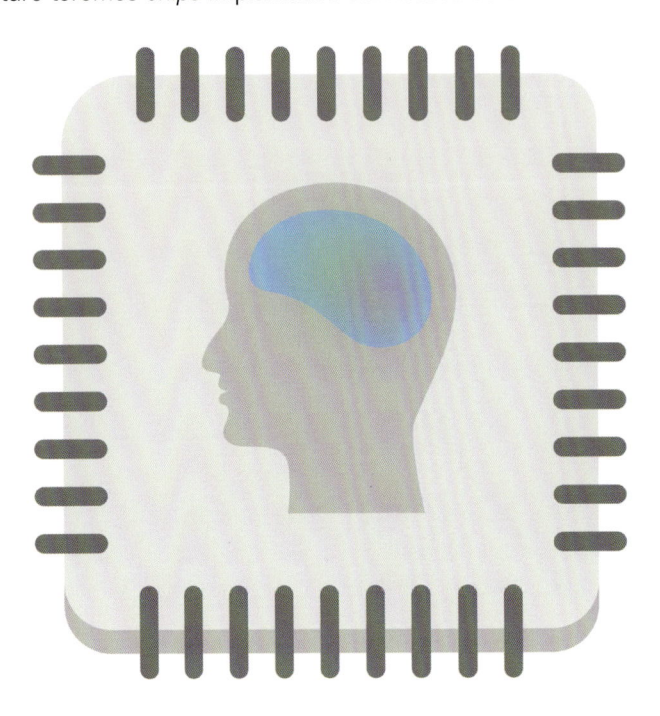

O que você acha de poder surfar na internet, fazer ligações e enviar mensagens de texto usando apenas seu cérebro? E que tal poder fazer o *download* de um livro de 500 páginas direto para a sua memória, em menos de um segundo? Ou ainda poder consultar uma base de informação coletiva da humanidade em qualquer lugar que você estiver? Segundo o estudo anual da IBM, o "Next 5 in 5", estas tecnologias de leitura de mente terão aplicações médicas que ajudarão até deficientes motores.

Chips implantáveis, com diferentes graus de complexidade, função e localização no cérebro, deverão ter um papel importante no futuro de nossa sociedade, a julgar pela quantidade de investidores interessados e pelos valores já investidos neste tipo de pesquisa.

No futuro, não se falará mais em "dispositivos", mas sim em "coisas".

Coisas? Que coisas?

Tudo! Absolutamente tudo!

Objetos, máquinas, aparelhos, edifícios, veículos, animais, pessoas, solo, plantas...
Você deve estar imaginando: "Para que servirá tudo isto? Ora, a internet das coisas facilitará, e muito, a nossa vida.

Por exemplo, poderei procurar coisas na vida real. Posso encontrar a chave do meu carro, que não acho exatamente no momento em que estou atrasada para sair. E como faço isso? Apenas pressionando uma tecla ou com um comando de voz. Bom, não? Posso saber onde está meu cachorro perdido!

Se eu entrar numa sala de aula na faculdade onde leciono e encontrar um casaco esquecido numa cadeira, poderei descobrir em segundos quem sentou ali na última aula e, assim, saber a quem pertence.

Não haverá mais pessoas desaparecidas!

DESAPARECIDO

Nem sequestros!

galleryhip.com

Um computador, instalado dentro de um hospital, poderá monitorar dia e noite uma pessoa durante suas atividades diárias e seu sono e prever, com semanas ou até meses de antecedência, se ela terá algum problema de saúde. Muito interessante, não é?

"Conectar produtos à internet será a eletricidade do século XXI."
Matt Webb, CEO da Berg Cloud

A Internet das Coisas terá de **5** a **10** vezes mais impacto na sociedade do que teve a própria internet, é o que afirma o CEO da Cisco, John Chambers. Estima-se que, na próxima década, a Internet das Coisas criará **19 trilhões** de dólares em valor agregado à economia global e será o maior mercado de dispositivos do mundo.

Até lá, mais do que dobrará o mercado de smartphones, PCs, tablets, carros conectados e dispositivos vestíveis combinados. A grande vantagem prática deste avanço será o aumento da eficiência, com economia de custos.[1]

John Chambers também anunciou que as mudanças já estão chegando. No Mobile Word Congress – The Edge Of Innovation, de 2014, em Barcelona, Chambers elogiou a decisão do congresso de se mover em direção à arquitetura das cidades inteligentes e deu como exemplo Israel, que já se transformou num país "inteligente".

Aliás, nesse congresso foram apresentados alguns novos dispositivos, já disponíveis, que foram desenvolvidos para uso no futuro próximo, como:

● **FiLIP Dragon Green, da ATT**

Um GPS para crianças, conectado via *bluetooth*, que oferece tranquilidade aos pais e envia mensagens a elas como "o jantar está na mesa" e permite às crianças chamar números de telefone importantes apertando apenas um botão.

● **O HAPIfork**

Um garfo eletrônico que ajuda você a monitorar e controlar seus hábitos alimentares. Ele também alerta se você estiver comendo muito rápido.

● **Sen.se Mother**

Esse sistema, que já ganhou prêmio de inovação em *design* e engenharia, funciona através de um bonequinho voltado para monitorar diferentes aspectos de sua casa e de sua vida familiar. Possui sensores móveis que detectam local, movimento e temperatura e se conectam entre si e com o dispositivo-mãe. Pode ser usado para monitorar distâncias de corridas ou caminhadas, registrar quais membros da família estão em casa, detectar com que frequência objetos da casa são utilizados, ler temperaturas dos ambientes e rastrear a qualidade de sono dos membros da família, entre outras aplicações.
Segundo Rafi Haladjian, fundador do Sen.se, "Mother é o primeiro uso concreto da Internet das Coisas em nossa vida cotidiana."[2]

A casa do futuro, como aquela do desenho animado *Os Jetsons*, com robôs e equipamentos automáticos, não é mais fantasia: a automação residencial já está sendo vendida aqui mesmo, no Brasil.

E agora, com a recente compra da Nest pelo Google, por **3,2 bilhões** de dólares, "o Google demonstra que a Internet das Coisas não é um modismo", declara Jason Johnson, executivo-chefe da August, companhia que fabrica fechaduras controladas por um aplicativo de smartphone. E completa: "É uma indústria legítima."

http://www.construirumaboa.com.br

No futuro próximo, você poderá desativar seu sistema de segurança, ligar seu micro-ondas para aquecer o jantar e ligar o som em sua casa para criar um clima antes de mesmo de chegar nela. Tudo com um simples toque em seu smartphone ou controle de voz. Espera-se que os equipamentos de sua casa responderão ao controle de voz. Você poderá dizer: "Pause, TV!" ou "Acendam-se, luzes!" ou ainda "Temperatura, aumente!". Nada mal!

A Apple também está muito interessada nesse mercado. Seu sistema AirPlay, por exemplo, permite que o iPhone se torne um controle remoto.[3]

A Internet das Coisas poderá ser usada para monitorar o gado de uma fazenda, implantando-se sensores nas orelhas das vacas. Isto vai permitir ao fazendeiro controlar a saúde de cada uma e rastrear seus movimentos, garantindo um fornecimento mais saudável e mais abundante de carne.[4]

Outro efeito positivo de tudo isto serão os diagnósticos médicos mais rápidos e mais baratos, essenciais para resolver os problemas do sistema de saúde – que a maioria dos países enfrenta – dado o rápido envelhecimento da população, sem a corresponde entrada de jovens no mercado de trabalho.

A Internet das Coisas também promete melhorar a segurança das cidades, já que os carros, conectados uns aos outros, poderão evitar colisões e coordenar suas velocidades.

Além disso, poderemos organizar melhor o nosso dia, evitando atrasos e aumentando nossa produtividade.[5]

A Cisco prevê que 50 bilhões de coisas estarão interconectadas até **2020**. Mas muitos especialistas acreditam que este número é muito conservador. Segundo eles, nesse mundo da tecnologia, que cresce com índices exponenciais, o número de coisas interconectadas deverá chegar a **223 bilhões** até **2020**!

De qualquer forma, a previsão é que a Internet das Coisas – ou Internet de Todas as Coisas, como alguns a chamam – mudará tudo mesmo, inclusive nós!

Ela representa, nada mais, nada menos que a próxima evolução da internet!

Dará um enorme salto na capacidade total de reunir, analisar e distribuir dados que se transformam em informações, conhecimento e, em última análise, em sabedoria coletiva ■

Inteligência artificial – IA

As pesquisas na área da inteligência artificial não se iniciaram nesta década. Em 1955, quando John McCarthy cunhou o termo, ela era definida como a "ciência e engenharia de produção de máquinas inteligentes".

Hoje entende-se IA como o "ramo da ciência da computação preocupado em fazer computadores comportarem-se como humanos".

Você conhece o Watson? Ainda não?

O Watson é um supercomputador com sistema de inteligência artificial capaz de responder perguntas formuladas em linguagem humana, construído pela IBM. Foi especificamente desenvolvido para o programa de TV americano de perguntas e respostas *Jeopardy*. Em **2011**, o Watson competiu contra antigos vencedores do programa e ganhou o prêmio de **1 milhão** de dólares.

Dois anos depois, a empresa anunciou a primeira aplicação comercial dessa nova tecnologia cognitiva. O Memorial Sloan–Kettering Cancer Center, de Nova York, em parceria com a empresa de seguros de saúde WellPoint, começou a usá-lo na tomada de decisões em tratamentos de câncer de pulmão.

http://bizmology.hoovers.com

No ano seguinte, a IBM decidiu investir mais **100 milhões** de dólares em **10** anos utilizando o Watson e outras tecnologias para ajudar países da África a resolverem seus problemas com desenvolvimento, começando pela saúde e educação. [6]

O Watson veio ao Brasil em **2014** para fazer diagnósticos médicos, auxiliar o marketing brasileiro com análises de comportamento de consumidores e hábitos de consumo, oferecer dicas de investimento ao mercado financeiro, dados à indústria de viagens sobre de destinos turísticos e uma infinidade de outras informações.
Sem dúvida, uma visita célebre!

Preste atenção na advertência de Ray Kurzweill, futurista, escritor, cientista de computação, inventor e diretor de engenharia do Google:

"A partir de 2029, os robôs serão mais inteligentes que todos nós."

Segundo ele, os robôs poderão entender nossa língua por experiência e superar a inteligência do mais sábio dos humanos. As previsões de Kurzweil merecem respeito: em 1990 ele previu que um computador seria capaz de superar um humano por volta de 1998. Em 1997, o computador Deep Blue, da IBM, derrotou o campeão mundial de xadrez Garry Kasparov...

Quando a internet era apenas uma pequena rede usada por alguns acadêmicos e cientistas, Kurzweil antecipou que ela brevemente tornaria possível conectar o mundo todo. [7]

Hoje, ele argumenta que a capacidade dos computadores está dobrando em menos de um ano e que este prazo está ficando cada vez menor.

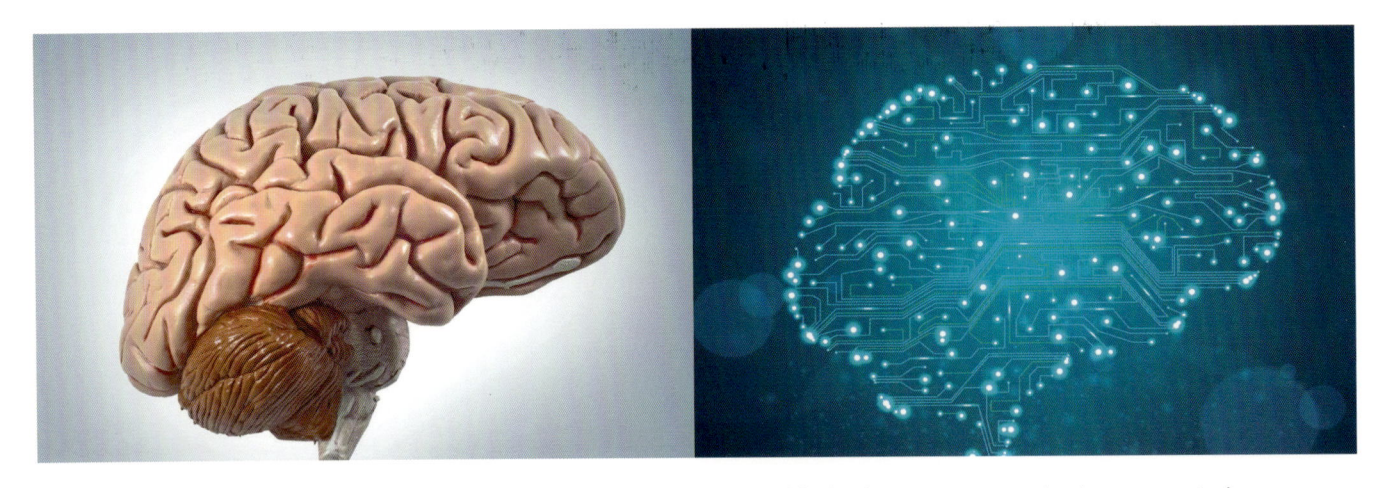

Nosso cérebro evolui em progressão linear, enquanto que a capacidade de processamento dos computadores progride exponencialmente.

Como?
Não entendi!

Imagine isto:

Numa progressão linear, de **1** a **30**.............. se chega em **30**.
Numa progressão exponencial......................em **1 bilhão**!!

E o raciocínio de Ray Kurtzweil continua nesta linha...
Nossos smartphones são bilhões de vezes mais poderosos e custam infinitamente menos que os de 1970. E são 100 mil vezes menores!!

O mesmo fenômeno pode ser imaginado para os próximos 20 anos. O próximo smartphone deverá ter o tamanho de uma célula sanguínea e ser um bilhão de vezes mais potente que o de hoje, com um custo muito mais baixo!

www.responsiveads.com/ad-direct-placement-humans-vs-rtb-machines-whos-winning/human-vs-robot-doing-a-digital-media-buy/

Usando esta lógica, o futurista prevê que em 2029 os computadores chegarão ao nível humano de inteligência. Com isso, ele quer dizer que terão a mesma habilidade de entender uma piada, serem sensuais, engraçados e românticos. Que tal?

Mas o que trouxe mais notoriedade a Kurzweil foi sua teoria da Singularidade, o ponto em que os computadores deverão superar a inteligência humana. E foi esta a razão que fez com que Larry Page, fundador do Google, o convidasse a trabalhar para a empresa. E ele aceitou, depois de saber que teria bilhões de dólares para gastar em sua pesquisa, uma oferta possível apenas numa empresa como o Google...[8]

215

Recentemente, o Google comprou a *startup* inglesa de inteligência artificial, DeepMind por **400 milhões** de dólares. A organização tem **50** funcionários e era a maior e última empresa independente focada em Inteligência Artificial. Aliás, esta não é a única *startup* desta área adquirida pelo *Google*. Há pouco tempo, ele adquiriu também a Boston Dynamics, sua **8ª** aquisição nesta área.

Por que o Google estaria investindo os quase meio bilhão de dólares em talentos e por que esta obsessão com inteligência artificial?

Em 2013, a empresa lançou o Quantum, um laboratório de IA que estuda como a computação quântica pode trazer um avanço ao aprendizado das máquinas e da IA. Para o Google, esta obsessão com IA e robótica pode ser ligada a seu desejo de construir melhores modelos de um mundo que permita previsões de futuro mais precisas.

Se a empresa pretende curar doenças, por exemplo, irá necessitar de melhores modelos de como desenvolver a cura. Se deseja carros autodirigíveis, precisa de modelos mais avançados de como operar as redes de transporte. E se quiser construir um sistema de busca mais útil, precisará entender o internauta com mais profundidade e compreender como ele interage com a internet para que seja possível lhe oferecer a melhor resposta, sob medida.

A IA, se usada corretamente, trará para nós um mundo de facilidades e uma vida mais confortável.

Porém, se cair em mãos erradas...

Bionanotecnologia e genômica

As pesquisas na área da inteligência artificial não se iniciaram nesta década. Em 1955, quando John McCarthy cunhou o termo, ela era definida como a "ciência e engenharia de produção de máquinas inteligentes".
Atualmente entende-se IA como o "ramo da ciência da computação preocupado em fazer computadores comportarem-se como humanos".

Hoje a bionanotecnologia e a genômica, impulsionadas pela tecnologia da informação, estão na mesma trajetória exponencial. Medicamentos personalizados, modificação genética de nossos filhos e extensão de vida vão se tornar fatos corriqueiros!

Na área científica, as maiores promessas do futuro próximo depositam-se nas pesquisas de biotecnologia, nanotecnologia e genômica.
A bionanotecnologia é uma área da ciência que consegue manipular e estudar materiais milhares de vezes menores do que a espessura de um fio de cabelo. Uma partícula pode ser chamada de "nano" quando tem entre 1 e 100 nanômetros. Esse número é cerca de 0,01% do diâmetro de um fio de cabelo: se isso lhe parece muito "futurista", vale a pena lembrar que já há cerca de 600 produtos que contêm nanomateriais em todo o mundo.

E os processos biotecnológicos oferecem a grande vantagem de serem menos nocivos ao meio ambiente, consumindo menos energia e favorecendo o uso de matérias primas renováveis.

http://www.gtresearchnews.gatech.edu

Grandes novidades deverão revolucionar a ciência e trazer evoluções importantes, principalmente na Medicina, área da ciência que possui um potencial de geração de receita de **3 trilhões** de dólares por ano.

Por exemplo, através do uso da bionanotecnologia está sendo possível a criação de membranas sintéticas copiando as propriedades de membranas naturais. Três pacientes americanos já receberam bexigas cultivadas fora do organismo! Além disso, estudos em animais demonstram que um útero pode ser cultivado fora do corpo e, em seguida, colocado de volta no animal para produzir um bebê. O Japão poderá ser o primeiro país a autorizar o nascimento de um humano fecundado num útero artificial. O país sofre hoje de uma espécie de "síndrome do celibato", o que vem causando um declínio populacional: **45%** das mulheres de **16** a **24** anos não está interessada ou despreza totalmente qualquer atividade sexual.

Com a nanotecnologia, entraremos numa época onde diagnósticos médicos serão feitos a nível molecular. Isto tornará possível a identificação prematura de doenças genéticas, infecciosas ou de pequenas alterações de proteínas.
Já imaginou medicamentos desenvolvidos sob medida para você? Não será maravilhoso? Isto significará a ausência de efeitos colaterais e a garantia de funcionamento a que se destina, na medida perfeita!

Um dos importantes avanços nesta área é a criação de biochips, que fornecem grande quantidade de informação sobre a genética das pessoas e agentes causadores de doenças. Esta inovação permitirá que se desenvolva vacinas em tempos muitos menores, que se compreenda as resistências destes agentes aos antibióticos existentes e que se identifique as mutações de genes para se tratar tumores. Imagine só o salto que os biochips poderão dar à pesquisa do tratamento e da cura do câncer! [9]

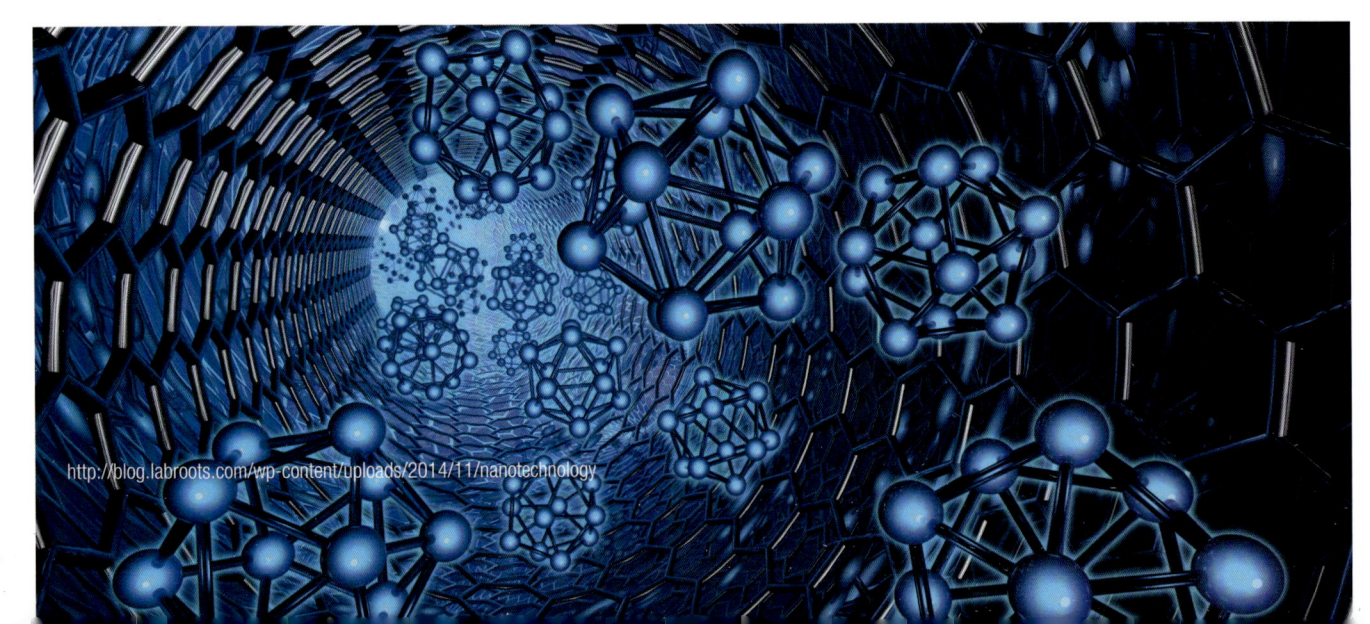

http://blog.labroots.com/wp-content/uploads/2014/11/nanotechnology

Louças, utensílios de cozinha, talheres e maçanetas. Essas peças desempenham um papel importante em nossa vida diária. São uma das formas mais usuais de espalhar doenças, especialmente em lugares públicos, como restaurantes, cafés e hotéis. Com revestimento de prata nano, que mata bactérias e micróbios e mantém a superfície sempre limpa, esses produtos impedem a transmissão de doenças.

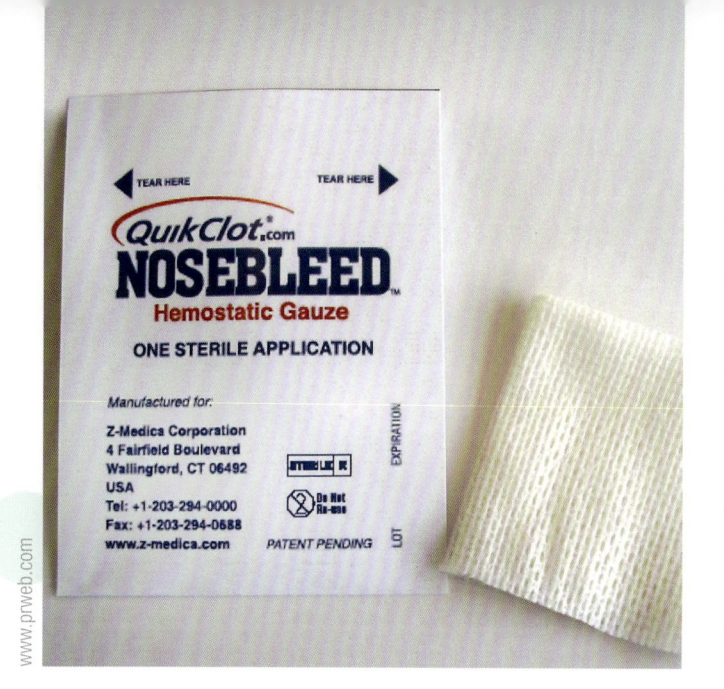

Imagine: em cinco anos, os avanços na análise de *big data* e os emergentes sistemas cognitivos baseados na nuvem, como o supercomputador Watson ligado à internet, associados aos imensos progressos que estão sendo observados na pesquisa genômica, auxiliarão médicos a diagnosticar com precisão e a criar métodos personalizados de tratamento de câncer para milhões de pacientes em todo o mundo.

A nanotecnologia tem sido aplicada, por exemplo, no aperfeiçoamento de roupas, criando os tão comentados "tecidos inteligentes". Veja outros usos inovadores que utilizam nanopartículas.

QuickClot Nosebleed é um produto farmacêutico inovador que utiliza nanoparticulas de aluminossilicato para estancar imediatamente sangramentos nasais que, sem ele, poderiam durariam por horas.

www.ipt.br

O Brasil está muito empenhado nas pesquisas desta área. Com um investimento de cerca de **50 milhões** de reais, em **2012**, o Instituto de Pesquisas Tecnológicas (IPT) inaugurou em São Paulo o Laboratório de Bionanomanufatura, o primeiro laboratório de bionanotecnologia da América Latina.

Esse laboratório estudará o desenvolvimento de organismos vivos e a tecnologia de partículas. Seu presidente, João Fernando Gomes de Oliveira, comenta que já firmou contratos com empresas privadas para desenvolver pesquisas. A expectativa é atrair investimentos de aproximadamente **R$ 47 milhões** em **3** anos. Entre as empresas com projetos na área de bionanotecnologia com o IPT estão a Oxiteno, pertencente ao Grupo Ultra, a Vale do Rio Doce, a Petrobras e a Raízen, *joint venture* formada pela Cosan e a anglo-holandesa Shell. [10]

A pesquisadora Natália Ceriza criou um nanocarregador onde o remédio é encapsulado em uma nanopartícula (de tamanho equivalente a um bilionésimo de metro). "O medicamento é liberado de forma controlada, em uma camada específica da pele, diretamente no local infectado ou da lesão", explicou ela ao jornal *O Estado de São Paulo*. Essa tecnologia aumenta a eficiência da droga, direcionando sua ação e evitando sua deterioração [11]

http://www.ipt.br/noticia/807-projeto_cooperativo.htm

Insights finais

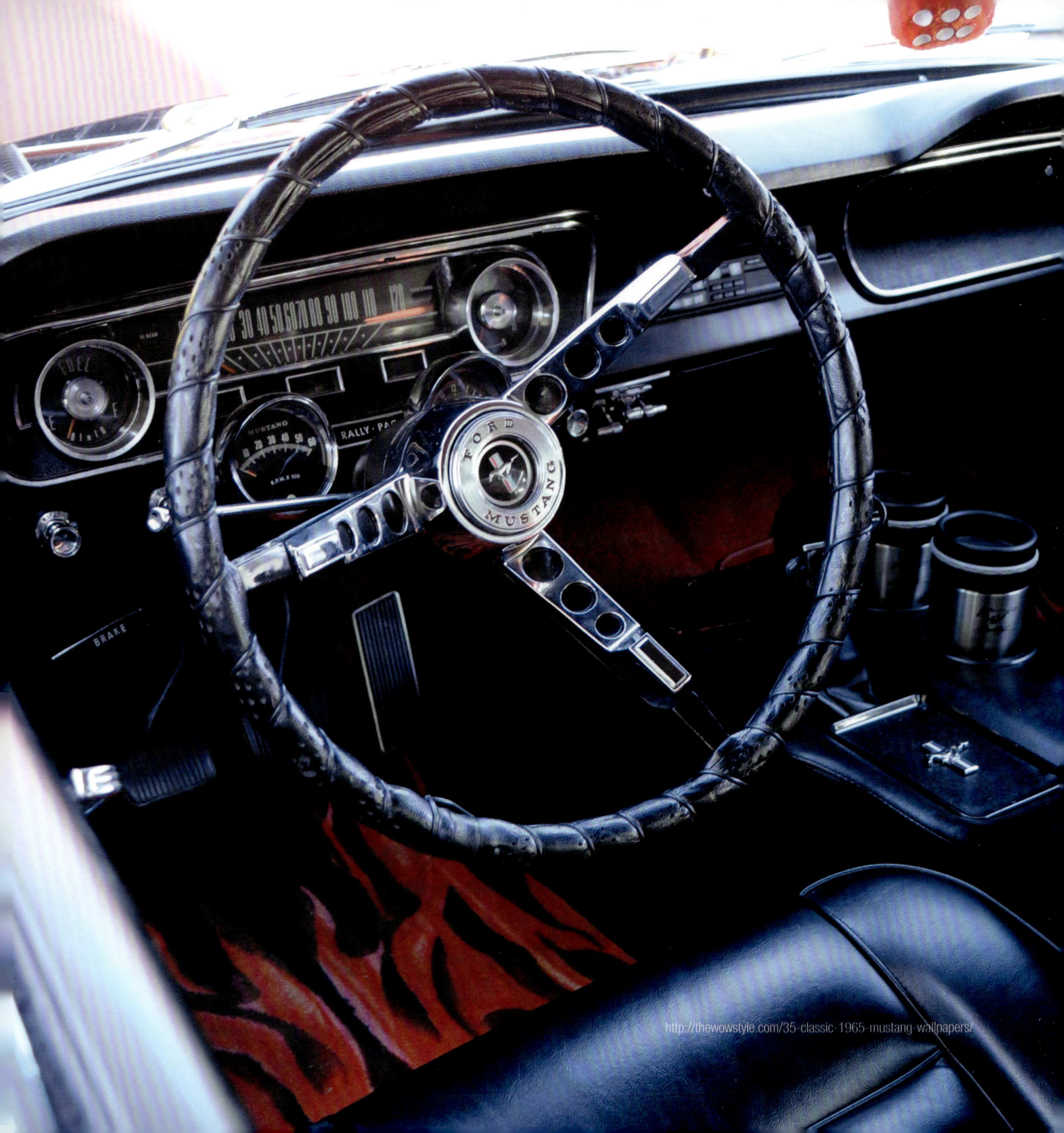
FUEL
MUSTANG
FORD
MUSTANG
BRAKE

Preste atenção nisto:
o futuro será compartilhado e altamente conectado!

Compartilhamento

As montadoras de automóveis estão enfrentando um problema completamente inesperado.

Os jovens não querem mais comprar automóveis!

O número de jovens que não dirige nos Estados Unidos dobrou nos últimos trinta anos.

O presidente da Toyota dos EUA em 2011, Jim Lentz, deu um resumo melancólico sobre os desafios que enfrenta a indústria automobilística.

"Temos que encarar a realidade: os jovens de hoje não estão tão interessados em comprar automóveis; parecem mais entusiasmados com a compra do último smartphone ou Playstation." [1]

Com desejos diferentes da geração de seus pais, cujo sonho de consumo era comprar seu primeiro automóvel, estes jovens da geração Y estão dando o maior trabalho para o marketing das montadoras, que tentam resolver um quebra-cabeças realmente desconcertante: como vender automóveis para a geração dos *millenials*.

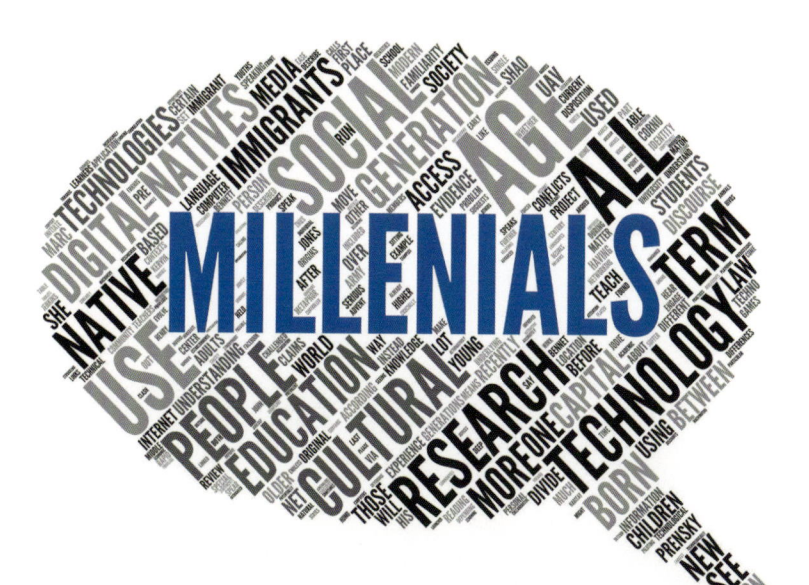

A cultura automobilística dos Estados Unidos vive um momento de marcha a ré. "Minha geração quer morar, cada vez mais, nas cidades e fugir dos subúrbios. O uso da bicicleta e do transporte público nas grandes cidades está em alta", disse ao jornal *Folha de São Paulo* o urbanista Owen Washburn, 29 anos. [2]

A Amazon apresentou recentemente um resultado financeiro desastroso. Analistas comentam que seu negócio central, sua razão original de existir – vender livros, músicas, filmes e jogos – está patinando. Mas por que isto agora?

Muitas pessoas não querem mais comprar coisas: preferem alugar!

A Apple enfrenta um problema similar. Seu maior negócio, o iTunes, vem perdendo vendas a cada quadrimestre dos últimos anos. Segundo o *The Wall Street Journal*, apenas em 2014 as vendas de músicas digitais no *iTunes* caíram de 13 a 14%. [3]

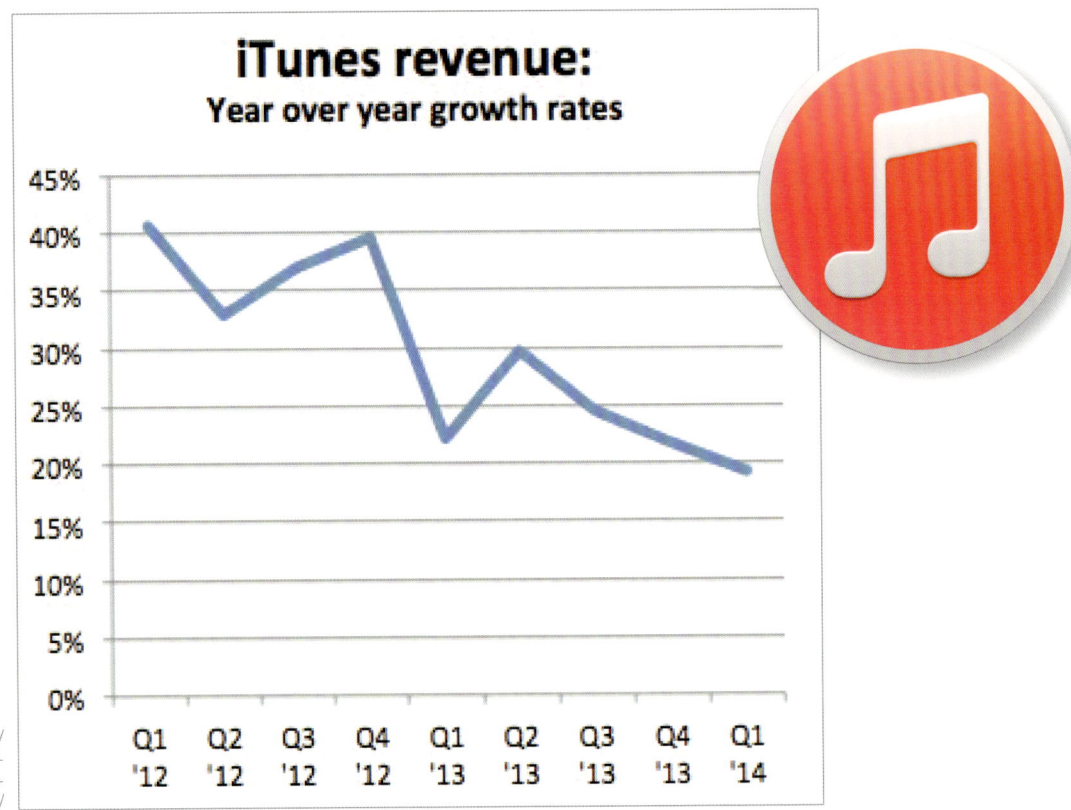

http://fortune.com/2014/04/20/how-much-revenue-did-itunes-generate-for-apple-last-quarter-2/

Enquanto isso, o Pandora, serviço de rádio grátis personalizado via internet, onde se ouve e se descobre músicas novas por *streaming*, anunciou em março de **2014** um crescimento em sua base de ouvintes de **14%**, em relação ao mesmo período no ano anterior, somando **1,71 bilhões** de ouvintes. Ao mesmo tempo, afirmou ter obtido um aumento de **52%** no faturamento no final de **2013**, em relação ao ano anterior.

E o Spotify, serviço de *streaming* de origem sueca, à disposição também no Brasil, é líder na categoria e já está avaliado em mais de **10 bilhões** de dólares com seus **10 milhões** de assinantes que pagam **10** dólares por mês. [4]

O compartilhamento por *streaming* tem sido tão procurado que o Netflix, serviço de vídeos por assinatura, já tem **53 milhões** de assinantes em **50** países e responde por nada menos que **32,4%** de todo o tráfego de dados no horário de pico (à noite) nos Estados Unidos e no Canadá. [5]

Não é à toa que, em novembro de 2014, o ITunes da Apple anunciou o lançamento de seu novo serviço de *streaming*: o iTunes Radio.

Esta grande onda ganha força todos os dias!

Para quê comprar se posso compartilhar a mesma cópia da música ou filme com milhares de outras pessoas?

Pense comigo: por que ser dono de tudo, se a maioria das coisas que possuo será usada poucas vezes e ficará guardada em minha estante, armário, minhas gavetas, e assim por diante, se posso compartilhar essas coisas com outras pessoas e usá-las somente quando precisar? Este modelo não lhe parece evitar o desperdício e ser muito mais sustentável e compatível com o mundo em que vivemos?

Não é apenas a posse de automóveis que não encanta mais a geração Y. Nos Estados Unidos, estes jovens também não tem nenhuma intenção de adquirir sua casa própria!

Assim como no caso dos carros, a porcentagem de jovens que dá entrada na sua primeira casa própria despencou: entre **2009** e **2011** ela já representava a metade do que havia sido **10** anos antes, segundo o *Federal Reserve*.

Este tipo de comportamento não é exatamente uma surpresa. Faz parte do estilo de vida desta geração a preocupação com os problemas do planeta e suas mudanças climáticas.

Esse grupo leva em conta a reutilização, descarte e reciclagem de produtos – vive na era do politicamente correto e passa o dia conectado às suas redes sociais.

É a geração do relacionamento e da consciência.

A economia do compartilhamento é tão impressionante que este setor já é avaliado hoje em **110 bilhões** de dólares. [6]

Milhares de pessoas encontram formas não apenas de economizar, mas também de se permitirem um tipo de trabalho mais flexível. O compartilhamento de moradia, wi-fi, automóveis e bicicletas está definindo um novo estilo de vida que veio para ficar.

E o impacto econômico-social desta grande onda será maior do que imaginamos. Cidades já estão se movimentando para responder a esta ruptura de costumes.

Os prefeitos de Seul e de São Francisco já tomaram a dianteira para tornar suas cidades preparadas para o compartilhamento.

Em Seul, por exemplo, o prefeito vem dando subsídios às *startups* da área, criando campanhas publicitárias e hospedando congressos internacionais de compartilhamento. Em São Francisco, dada a sua proximidade ao Vale do Silício, o setor privado está mais desenvolvido e vem tomando a frente do processo ∎

O prosumidor

Conheça o futurista Jeremy Rifkin, consultor de empresas como Cisco e Siemens e professor da Wharton School's Executive Education Program da Universidade da Pennsylvania. [7]

De um ponto de vista cultural, o futurista prevê o nascimento do prosumidor, um consumidor poderoso que será capaz de gerar sua própria energia, fabricar seus produtos e gerir seu bem-estar econômico. Este prosumidor irá transformar as marcas e o cenário dos negócios, já que terá uma vasta rede de relacionamentos e dados digitais à sua disposição.

http://www.boublog.nl/2011/01/25/jeremy-rifkin-de-empatische-beschaving/

Prosumidor: sinônimo de autossuficiente

A escalabilidade econômica do compartilhamento é inimaginável. Rifkin prevê que o capitalismo será obrigado a dividir seu espaço com um novo sistema econômico-social no futuro próximo, baseado nas redes interpessoais. Será uma espécie de economia dos bens comuns. Este sistema vai derrubar os custos marginais de produção a níveis muito abaixo dos previstos pelos economistas em setores como educação, editorial e até industrial. Note que isto já está ocorrendo com a quantidade incalculável de cursos oferecidos on-line, abertos e grátis, para qualquer um. E está acontecendo também no setor industrial, com a popularização das impressoras 3D ∎

Conectividade

Paralelamente à esta questão, países como Dinamarca, Alemanha, França, Itália e China já estão bem avançados na implantação de infraestrutura para energia solar e eólica. E, no futuro próximo, a Internet das Coisas fornecerá informações em tempo real sobre o uso e alterações de preço de eletricidade na rede de transmissão.

"Esta facilidade acabará permitindo que famílias e empresas que geram e armazenam energia verde possam programar *softwares* para retirá-las da rede elétrica nos picos de preço e ainda compartilhá-la, a baixo custo, com seus vizinhos para alimentar suas instalações", diz Rifkin.

http://www.ewind.com

Sob um outro olhar, a Internet das Coisas nada mais é que a fonte tecnológica que alimenta a emergente "economia dos bens comuns". Ela, naturalmente, encoraja a cultura do compartilhamento e será uma das responsáveis por fazer da "economia dos bens comuns" a grande mudança do século XXI.

Centenas de milhões de pessoas já estão transferindo *bits*, produtos e serviços de sua vida do mercado capitalista para a nova "economia dos bens comuns".[8]

"Os prosumidores não estão apenas produzindo e compartilhando suas próprias informações, entretenimento, energia verde e produtos impressos em 3D a um custo marginal próximo de zero, além de se matricularem em quantidades inacreditáveis de cursos universitários on-line gratuitos. Eles também estão compartilhando carros, casas, roupas, ferramentas, brinquedos e inúmeros outros produtos e serviços entre si, através de sites de mídia social, de aluguéis, clubes de redistribuição e cooperativas, com custos marginais baixos ou quase nulo. Um número crescente de pessoas está compartilhando informações médicas entre si, através de redes de cuidados de saúde, por iniciativa do paciente, para melhorar o diagnóstico e encontrar novos tratamentos e curas para doenças, novamente a um custo próximo de zero." [9]

Pense nisto:

O novo indivíduo consciente e hiperconectado será responsável por importantes transformações no futuro próximo.
Uma mudança importante está acontecendo:

- Da compra ao acesso;
- Da conexão eventual para a vida conectada;
- Do consumidor ao prosumidor;
- De geração "eu" para geração "nós";
- Do capitalismo tradicional ao novo capitalismo combinado com a "economia dos bens comuns".

Como consequência disto, imagine que profunda transformação acontecerá na relação entre produtos, marcas e a expressão da identidade do indivíduo que os compra e usa?

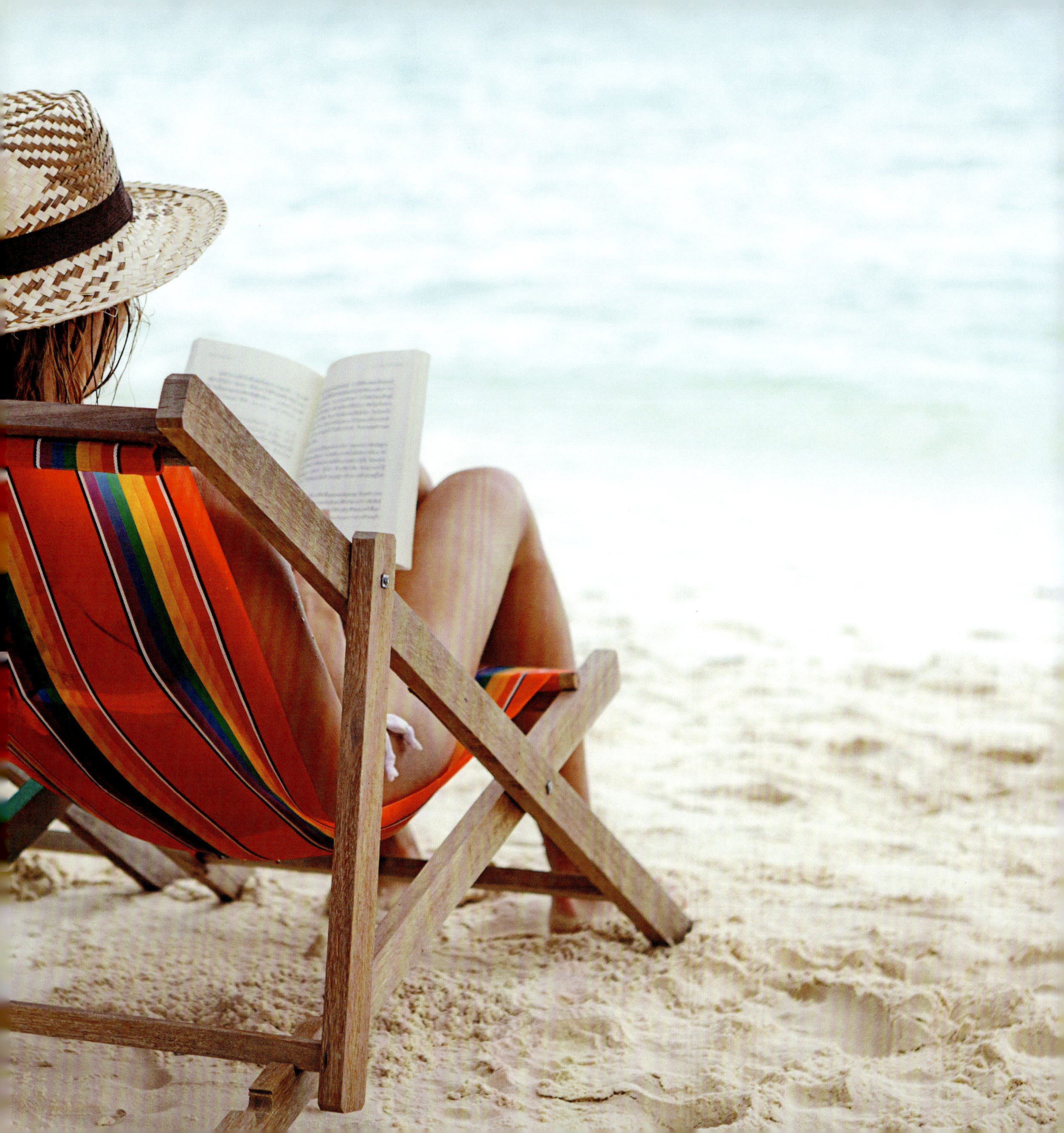

Você está preparado para o próximo tsunami?

Espero que você tenha gostado do que leu.

Você deve ter lido este livro deitado numa espreguiçadeira de praia, relaxado, olhando para o mar tranquilo.

Chegou o momento de sentar-se na cadeira do salva-vidas, pegar o binóculo, olhar ao longe e prestar atenção.

Espero que agora você possa entender e enxergar antes dos outros as ondas que vem por aí ■

Notas

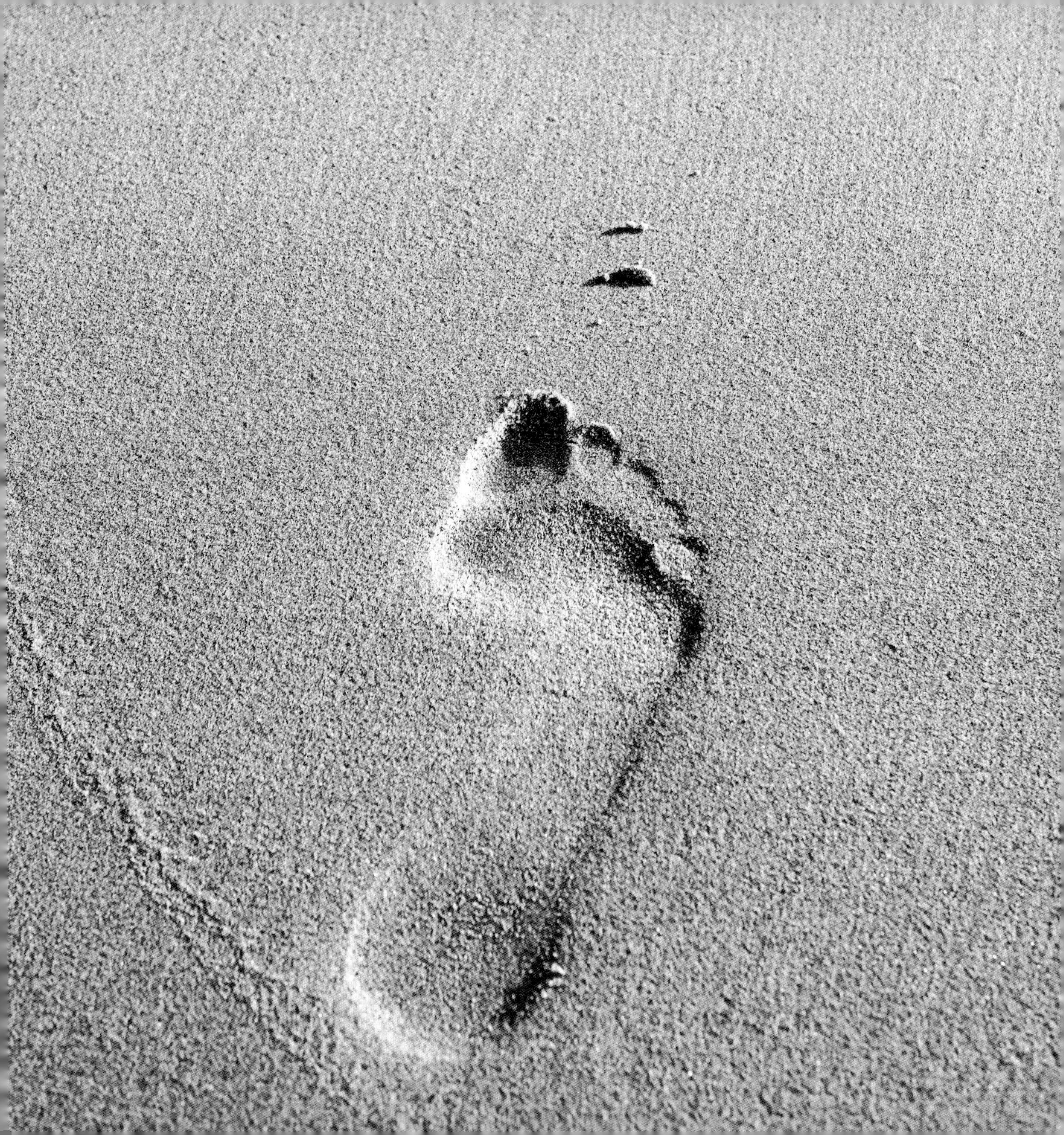

Parte 1 – O que dá pra ver da praia

1. Introdução
1 – http://www.scholastic.com/teachers/article/how-does-tsunami-work

2. Tsunamis naturais e tsunamis sociais
1 – Warren Buffet – *The New York Times*, Outubro de 2008.
2 – http://www.conference-board.org/publications/publicationdetail.cfm?publicationid=2404&subtopicid=160
3 – Pesquisa "Omnibus" para a fornecedora de sistemas de atendimento ao cliente KANA Software
https://www.contactcenterworld.com/view/contact-center-research/digital-consumers-expect-responses-in-10-minutes-not-10-days.aspx?md=8de29fd8-c399-4af8-ae42-0f4e88d20eeb&iz=2&cd=fc089b6c-d7e4-4c89-bc78-2236f4d1174d
4 – http://www.adweek.com/news/advertising-branding/how-airbnb-yelp-are-changing-hotel-marketing-155821 –
5 – http://www.ihg.com/hotelindigo/hotels/us/en/global/explore_hotels/our_story

3. Mudanças no cenário econômico do século XX
1 – Exemplos constam do artigo "Fantasy vs. Reality in Mad Men Advertising Campaigns (by Alan Sharavsky – About Advertising – lidos em 25 fev. 2014).

4. O maior tsunami deste século. Que tsunami é este?
1 – http://en.wikipedia.org/wiki/Time_Person_of_the_Year
2 – http://www.huffingtonpost.co.uk/2014/03/09/history-of-the-world-wide-web_n_4930333.html
3 – Social, Digital & Mobile Around The World (January 2014) – by We Are Social Singapore on Jan 08, 2014
4 – http://www.un.org/cyberschoolbus/briefing/technology/tech.pdf

5. Ondas poderosas do tsunami que ainda dá para pegar
1 – http://www.statisticbrain.com/facebook-statistics/ - em 15/06/2015.
2 – http://www.statisticbrain.com/twitter-statistics/ - em 15/03/2015.
3 – http://instagram.com/press/ - em 15/06/2015.
4 – http://expandedramblings.com/index.php/pinterest-stats/#.U0r6wsamsds - em 15/06/2015.
5 – http://expandedramblings.com/index.php/by-the-numbers-a-few-important-linkedin-stats/#.U0r7tMamsds - em 12/07/2014.
6 – http://blog.oxforddictionaries.com/press-releases/oxford-dictionaries-word-of-the-year-2013/
7 – http://digitalintelligencetoday.com/word-of-mouth-still-most-trusted-resource-says-nielsen-implications-for-social-commerce/
8 – http://emilyebert.wordpress.com/2013/05/07/levis-case-study-a-lesson-in-social-shopping/ - em 12/07/2014.
9 – http://www.cmf-fmc.ca/uploads/reports/31-cmf-generations-en.pdf - em 18/07/2014.
10 – http://web.archive.org/web/20080318103017/ http://www.tnr.com/story.html?id=82eb5d70-13bd-4086-9ec0-cb0e9e8411b3 - em 22/07/2014.
11 – http://opensource.com/open-source-way
12 – http://www.tripadvisor.com/PressCenter-c4-Fact_Sheet.html

13 – *Wikinomics* – Don Tapscott e Anthony D. Williams
14 – http://healthland.time.com/2013/02/19/brain-map-president-obama-proposes-first-detailed-guide-of-human-brain-function/ - em 02/08/2014.
15 – "Company Overview of Waze Ltd.". Bloomberg Businessweek. Retrieved 22 March 2012.
16 – http://e27.co/waze-touches-50m-users-globally-malaysia-indonesia-in-top-10-list/
17 – http://oglobo.globo.com/sociedade/tecnologia/prefeitura-comeca-usar-waze-no-centro-de-operacoes rio-9152370 - em 02/02/2014.
18 – http://www.merriam-webster.com/dictionary/crowdsourcing
19 – Noveck, Beth Simone (2009), Wiki Government: How Technology Can Make Government Better, Democracy Stronger, and Citizens More Powerful, Brookings Institution Press
20 – http://users.design.ucla.edu/~akoblin/work/thesheepmarket/TheSheepMarket.doc - em 13/03/2014.
21 – MacroWikinomics
22 – http://www.forbes.com/companies/procter-gamble/financial/PG/ - em 05/06/2014.
23 – http://www.forbes.com/companies/procter-gamble/financial/PG/ - em 05/06/2014.
24 – http://www.innocentive.com/about-innocentive - em 13/03/2014.
25 – http://didattica.unibocconi.it/mypage/upload/49036_20110414_125339_JOSM_CROWD_FINAL.PDF
26 – http://content.time.com/time/magazine/article/0,9171,1838768,00.html
27 – http://techcrunch.com/2010/04/28/sponsume-lets-projects-get-off-the-ground-with-groupon-style-group-funding-model/ - em 11/09/2013.
28 – http://techcrunch.com/2010/02/15/grow-vc-launches-aiming-to-become-the-kiva-for-tech-startups/ - em 11/09/2013.
29 – http://pt.slideshare.net/trendwatching_com/trendwatchingcoms-pretail – em 15/12/2013.
30 – Gannes, Liz (May 29, 2010). "Kickstarter: We Don't Have Anything Against Celebrity Projects". All Things D
31 – "OMG". Kickstarter. Retrieved March 2014.
32 – Snyder, Steven James (November 11, 2010). "The 50 Best Inventions of 2010". TIME. Retrieved June 20, 2012.
33 – Jump up & McCracken, Harry (August 16, 2011). "The 50 Best Websites of 2011". TIME. Retrieved June 20, 2012.
34 – https://www.kickstarter.com/hello?ref=footer - em 23/06/2014.
35 – http://www.forbes.com/sites/wilschroter/2014/04/16/top-10-business-crowdfunding-campaigns-of-all-time/ - em 12/02/2014.
36 – Crowdfunding, Startup – 17 de novembro de 2014 07h00 – "link – "O Estado de São Paulo"
37 – http://pt.slideshare.net/trendwatching_com/trendwatchingcoms-pretail – em 15/12/2013.
38 – http://www.fastcompany.com/1747551/sharing-economy - em 15/02/2014.
39 – Revista americana "Fast Company" – matéria de Maio de 2011.
40 – http://www.cnbc.com/id/101386723 - em 19/03/2014.
41 – http://edition.cnn.com/2008/LIVING/worklife/04/07/coworking/index.html#cnnSTCText - em 04/04/2014.
42 – http://www.deskmag.com/en/2500-coworking-spaces-4-5-per-day-741 - em 08/06/2014.
43 – http://www.deskmag.com/en/the-coworking-market-report-forecast-2014 - em 08/06/2014.
44 – http://www.forbes.com/sites/adrianalopez/2013/04/25/coworking-is-it-just-a-fad-or-the-future-of-business/ - em 12/02/2014.

45 – http://www.bls.gov/opub/mlr/2012/01/art4full.pdf
46 – http://www.visioncritical.com/collaborative-economy-report-thank-you?alild=3518328 - em 16/02/2014.
47 – http://sustainablereview.net/sharing-economy-worth-4-6bn-uk-consumers/ - em 19/08/2014.
48 – J.B. Pine II, "Mass Customization—The New Frontier in Business Competition" (Cambridge, Massachusetts: Harvard Business School Press, 1993).
49 – Joseph Flaherty. CustomMade is the Custom-Goods Matchmaker ''Wired" September 12, 2012.
50 – http://blogs.forrester.com/jp_gownder/11-04-15-mass_customization_is_finally_the_future_of_products - em 24/10/2014.

6. A destruição

1 – The Future Of Privacy – by Lee Rainie abd Janna Anderson http://www.pewinternet.org/2014/12/18/other-resounding-themes/
2 – Susan Crawford, professora da Benjamin N. Cardozo School of Law, em http://groupemdg.typepad.com/global_media_and_world_ev/2011/07/upending-anonymity-these-days-the-web-unmasks-everyone.html
3 – Bauman, Zygmund - Lyon, David - "Vigilância Líquida" – 2014, Zahar, Rio de Janeiro, RJ
4 – Bauman, Zygmund - Lyon, David - "Vigilância Líquida" – 2014, Zahar, Rio de Janeiro, RJ
5 – http://www.forbes.com/sites/kashmirhill/2012/03/05/facebook-can-tell-you-if-a-person-is-worth-hiring/
6 – *New York Times*, 25 dez. 2010.
7 – Bauman, Zygmund - Lyon, David - "Vigilância Líquida" – 2014, Zahar, Rio de Janeiro, RJ
8 – http://www.informationweek.com/mobile/mobile-devices/bad-cell-phone-behavior-are-you-being-rude/d/d-id/1099244?
9 – https://shine.yahoo.com/work-money/lose-friends-alienate-coworkers-bad-mobile-behavior-172200729.html
10 – http://www.ibtimes.com/digital-detox-pennsylvania-opens-americas-first-internet-addiction-clinic-1402776
11 – http://www.cnn.com/2013/09/07/health/internet-addiction-treatment-center/
12 – http://www.pbs.org/wgbh/pages/frontline/digitalnation/virtual-worlds/internet-addiction/internet-rescue camp.html?play
13 – http://www.cnn.com/2013/09/07/health/internet-addiction-treatment-center/

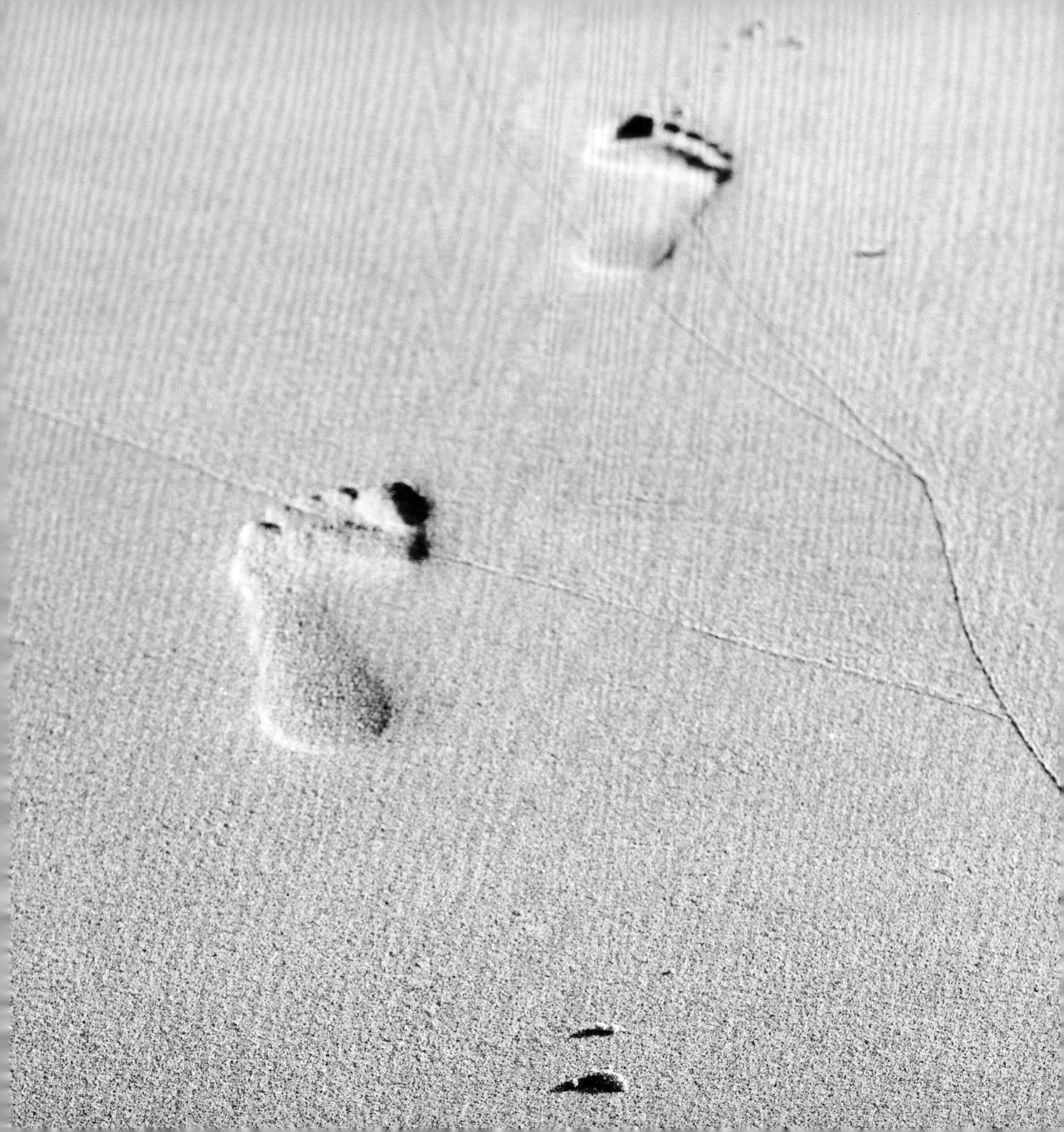

Parte 2 – 5 ondas para pegar desde o início

1. **Primeira onda – A sociedade racional e a sociedade intuitiva/emocional.**
1 – Termo cunhado por Richard Florida em seu livro *The Rise Of The Creative Class*, de 2012.
2 – Do capítulo "The Creative Economy" do livro *The Rise of the Creative Class*, de Richard Florida (p. 15, 2005).
3 – *The Flight of the Creative Class: The New Global Competition for Talent*, de Richard Florida
4 – http://www.salon.com/2014/03/08/buy_less_do_more_5_reasons_why_experiences_make_us_happier_than_things/ em 26/08/2014.
5 – http://www.urm.com.br/blog/o-futuro-do-mercado-de-luxo/ - em 5/06/2012.
6 – http://www.salon.com/2014/03/08/buy_less_do_more_5_reasons_why_experiences_make_us_happier_than_things/
7 – *The Rise of Creative Class Revisited*, 2012 – Richard Florida – prefácio.

2. **Segunda onda – A era da imagem: você fala a linguagem visual?**
1 – http://derryenglish.weebly.com/why-are-reading-and-writing-important.html - em 21/07/2014.
2 – http://autocww.colorado.edu/~blackmon/E64ContentFiles/CinemaAndBroadcasting/Broadcasting,RadioAndTV.html em 22/07/2014.
3 – Press Center – Instagram (em inglês) Instagram.com – em 14/03/2013
4 – http://expandedramblings.com/index.php/vine-statistics/ - em 20/08/2013.
5 – http://veja.abril.com.br/noticia/educacao/habito-de-leitura-no-brasil-cai-ate-entre-criancas - em 28/09/2014
6 – Dados do início da década: http://www.blogdacidadania.com.br/2010/12/imprensa-termina-decada-no-fundo-do-poco/ – em 26/09/2014.
Dados de 2013: http://www.meioemensagem.com.br/home/midia/noticias/2014/01/27/Circulacao-de-jornais-cai-de-1-9-em-2013.html#ixzz3Ec2aSLto – em 26/09/2014.
7 – https://www.nyu.edu/classes/stephens/Death%20of%20Reading%20page.htm - em 03/03/2014.
8 – "Murdoch Predicts Gloomy Future for Press". London: The Guardian. - em 03/05/2010.
9 – Em palestra na HSM Management em SP. - em 30/08/2014.
10 – http://en.wikipedia.org/wiki/Gillette_Mach3
11 – http://www.usinflationcalculator.com - em 10/12/2014.
12 – http://prensa.guggenheim-bilbao.es/en/press-releases/corporate/results-2013/ - em 23/01/2014.
13 – http://www.nytimes.com/2014/08/22/arts/design/in-redesigned-room-hospital-patients-may-feel-better-already.html?_r=0 em 28/08/2014.
14 – ComScore
15 – http://newsroom.cisco.com/release/888280/Cisco-s-VNI-Forecast-Projects-the-Internet-Will-Be-Four-_1
16 – http://agenciamarketingdigital.net/blog/2014_Brazil_Digital_Future_in_Focus_PT.pdf

3. **Terceira onda – Significado, valores e autenticidade**
1 – http://www.huffingtonpost.com/jessica-marati/conscious-consumption_b_906339.html - em 22/07/2014.
2 – de acordo com a Natural Business Communications, a company in Broomfield, Colorado

3 – New York Times, "Business; They Care About the World (and They Shop, Too)" by AMY CORTESE - http://www.nytimes.com/2003/07/20/business/business-they-care-about-the-world-and-they-shop-too.html em 05/01/2014.

4 – http://lohas.groupsite.com/main/summary - em 03/05/2014.

5 – NMI (Natural Market Institute), que mede o comportamento de consumo da população geral relacionado a seu estilo de vida saudável e sustentável http://www.lohas.com/consumers-individual-action-lohas-space-global-perspective - em 09/11/2013.

6 – http://media.wholefoodsmarket.com/fast-facts/ - em 22/05/2015.

7 – http://www.fastcompany.com/1460600/john-mackeys-whole-foods-vision-reshape-capitalism 8 – http://blogs.wsj.com/venturecapital/2014/08/26/jessica-albas-the-honest-co-raises-70m-preps-for-ipo/ - em 08/011/2014.

9 – http://www.mundoverde.com.br - em 10/09/2014.

10 – http://www.lohas.com/consumers-individual-action-lohas-space-global-perspective - em 09/11/2013.

11 – http://www.mckinsey.com/insights/sustainability/sustainabilitys_strategic_worth_mckinsey_global_survey_results em 18/09/2014.

12 – http://www.nndb.com/people/616/000125241/ - em 09/10/2013.

13 – http://www.sustainablebrands.com/news_and_views/articles/ge-generates-25-billion-revenues-sustainability-investments - em 27/10/2013.

14 – (medido como energia / $ receita) – Relatório de sustentabilidade da GE de 2013

15 – Página do relatório de sustentabilidade da GE de 2013 – http://www.gesustainability.com/wp-content/uploads/2014/06/GE-Sustainability-Highlights-2013.pdf

16 – Corporate Executive Board, maio de 2012 – Trend Briefing da trendwatching.com de abril de 2013 sobre a tendência de consumo "CLEAN SLATE BRANDS"

17 – Claudia H. Deutsch, "New Surveys Show That Big Business Has a P.R. Problem," *The New York Times*, December 9, 2005.

18 – http://www.edelman.com.br/news/trust2013/ - em 21/01/2014.

19 – https://peterbarber.wordpress.com/2012/01/

20 – *Folha de São Paulo*, Caderno Mercado - de 08/09/2014.

21 – "Fixing The Game – Bubbles, Crashes, and What Capitalism Can Learn From NFL" – Roger L. Martinº

22 – Bloomberg – Businessweek - Frederik Balfour: Fakes! 06/02/2005 - http://www.bloomberg.com/bw/stories/2005-02-06/fakes

23 – Authenticity: What Consumers Really Want – Gilmore and Pine

4. Quarta onda – Escassez na abundância: conhecimento, curadoria, *storytelling* e *insights* são os novos binóculos.

1 – http://pt.wikipedia.org/wiki/Andrew_Keen - em 30/10/2014.

2 – http://www.economist.com/node/15557443 - em 8/10/2014.

3 – "Lead with a Story: A Guide to Crafting Business Narratives That Captivate, Convince, and Inspire" Paul Smith – 2012.

4 – Innocent drinks: http://www.innocentdrinks.co.uk/us/our-story - em 08/03/2015

5. Quinta onda – Tecno e digital: o futuro próximo

1 – http://www.businessinsider.com/how-the-internet-of-things-market-will-grow-2014-10 - em 15/04/2015.
2 – http://www.gizmag.com/sense-mother-home-family-monitor/30313/ - em 18/05/2014.
3 – *Folha de São Paulo – The New York Times – Start-ups investem em "lares inteligentes"* - em 04/02/2014.
4 – "Augmented Business," The Economist, November 2010.
5 – Tucker, Patrick - "The Naked Future: What Happens In a World That Anticipates Your Every Move?" - Current. em 06/03/2014.
6 – http://en.wikipedia.org/wiki/Watson_(computer) - em 22/06/2014.
7 – http://www.independent.co.uk/life-style/gadgets-and-tech/news/robots-will-be-smarter-than-us-all-by-2029-warns-ai-expert-ray-kurzweil-9147506.html - em 20/02/2014.
8 – http://www.forbes.com/sites/reuvencohen/2014/01/28/whats-driving-googles-obsession-with-artificial-intelligence-and-robots/ - em 20/02/2014.
9 – http://blogs.creamoselfuturo.com/nano-tecnologia/2012/02/29/nanotecnologia-y-medicina-biochips-y-nanotransistores/ - em 02/03/2014.
10 – Valor Econômico – em 03/02/2012
11 – http://economia.estadao.com.br/noticias/geral,dez-tecnologias-que-podem-mudar-sua-vida-imp-,846947 em 09/09/2013.

Insights finais

1 – http://www.boston.com/cars/newsandreviews/overdrive/2011/01/automakers_and_gen_y_missing_t.html em 19/11/2013.
2 – Folha de São Paulo – Caderno Mundo - em 22/07/2013.
3 – http://www.wired.com/2014/10/apple-amazon-problem-people-dont-want-buy-stuff-anymore/ - em 28/12/2014.
4 – http://www.edmtunes.com/2014/05/spotify-10-billion-value-million-subscribers/ - em 17/05/2014.
5 – Folha de São Paulo, Caderno Mercado - em 03/12/2014.
6 – http://www.shapingtomorrow.com/home/alert/152443 - em 18/03/2014.
7 – Rifkin, Jeremy - "The Zero Marginal Cost Society: The Internet of Things, the Collaborative Commons, and the Eclipse of Capitalism." Palgrave Macmillan Trade, 01/04/2014.
8 – Huffington Post Business - em 10/11/2014.

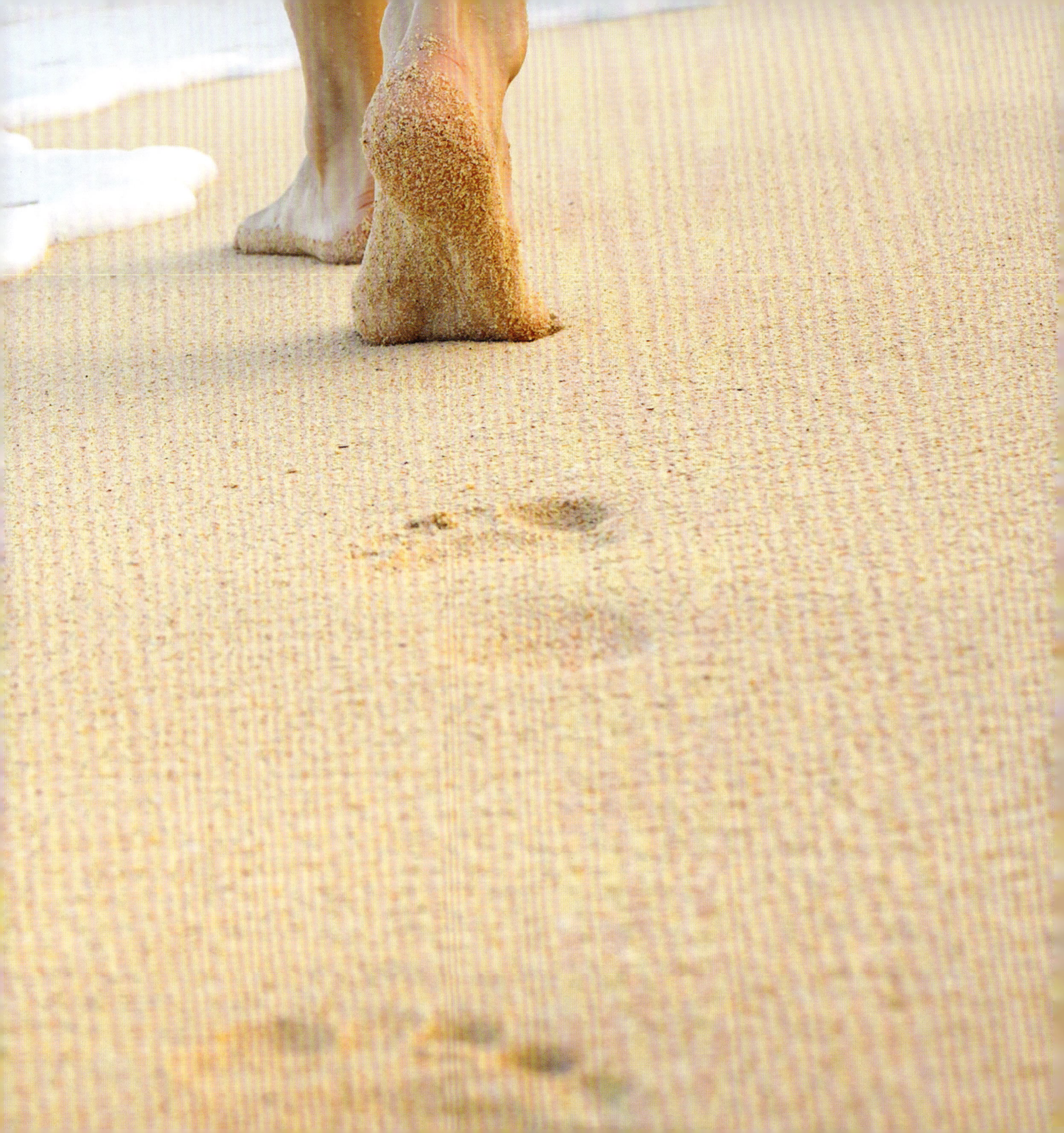